U0887760

PUHUA BOOKS

我们一起解决问题

新零售

模式+运营全攻略

张箭林◎著

人民邮电出版社
北京

图书在版编目（CIP）数据

新零售 ：模式+运营全攻略 / 张箭林著. -- 北京 ：人民邮电出版社，2019.2（2023.4重印）
ISBN 978-7-115-50667-2

Ⅰ. ①新… Ⅱ. ①张… Ⅲ. ①零售业一商业经营 Ⅳ. ①F713.32

中国版本图书馆CIP数据核字(2019)第020248号

内容提要

如今，从小规模零售店到大型零售企业，都在新零售方面积极布局。然而，很多人并不了解新零售是什么，不知道如何应对新零售时代的挑战，无从预测新零售时代会发生哪些变革。

在零售企业急需转型升级的大背景下，本书针对电商、实体店所面临的困局，揭示了新零售时代的特征、新零售模式、新零售的底层技术，从产品、渠道、运营等多个角度阐述了新零售的实际应用策略与方法。本书可以帮助读者掌握企业向新零售方向转型的方法和手段，使企业尽快走出瓶颈期，顺利融入新零售时代。

本书适合实体店店主、网店店主、零售企业高管、培训师等读者阅读。

◆ 著 张箭林
责任编辑 董晓茜
责任印制 焦志炜
◆人民邮电出版社出版发行 北京市丰台区成寿寺路11号
邮编 100164 电子邮件 315@ptpress.com.cn
网址 http://www.ptpress.com.cn
北京七彩京通数码快印有限公司印刷
◆开本：700×1000 1/16
印张：14.5 2019年2月第1版
字数：180千字 2023年4月北京第12次印刷

定 价：59.00元

读者服务热线：（010）81055656 印装质量热线：（010）81055316

反盗版热线：（010）81055315

广告经营许可证：京东市监广登字20170147号

前言

自从“新零售”这个概念被提出之后，整个零售行业都随之发生了巨大的变化。阿里巴巴创始人马云率先在杭州开设了第一家无人超市。随后，他又在云栖大会上提出“五新”（新零售、新金融、新制造、新技术和新能源）理论，而“五新”理论的突破口正是新零售。紧接着，马云又为阿里巴巴践行新零售跟进了一系列动作，例如，为“盒马鲜生”站台。

在马云的倡导下，新零售前期的发展势头迅猛。与此同时，京东、亚马逊、国美、苏宁、沃尔玛、小米等众多知名企业也都在积极布局新零售，希望能够跟上时代的步伐。

过去，电商和实体店一直是竞争对手，由于电商完全颠覆了传统实体店的运营模式，从其出现至今所走过的10多年里，确实对实体店造成了巨大的冲击，使很多实体店店主在经营上陷入了困境。当时，甚至还有人提出“实体店终将被电商取代”的论调。

然而，随着新零售的出现，中国的零售业进入了一个新的发展阶段。新零售时代的到来不仅对实体店的经营产生了冲击，而且对电商也产生了非常大的影响。如今，越来越多的零售企业意识到，电商并不是实体零售的绊脚石，线下门店也不会被线上网店挤垮。未来，只有电商与实体零售相互融合，线下门店与线上网店联动贯通，才是零售业最好的发展模式。

在当今的经济形势下，零售企业应该积极拥抱新零售，并结合自身优势和发展水平，加快向新零售转型。不过，零售企业要想加快向新零售转型，应首先对新零售有一个深入的了解。为此，零售企业要做到以下三点：

1. 了解新零售的一些相关知识；
2. 掌握新零售的一些关键技巧；
3. 学习和借鉴在新零售方面获得成功的一些经典案例。

本书的前两章是基础篇，主要介绍了电商和实体店所面临的困境，以及零售企业如何能在新零售时代突破企业发展的瓶颈。通过学习基础篇，读者可以对新零售的概念、新零售时代的特征、新零售模式等有一个初步的了解，同时也能为后续内容的学习打下坚实的基础。

若问新零售底层工具的重中之重是什么？一定非大数据技术莫属。在本书的第 3 章，我们将对新零售中大数据技术的应用做详细介绍；在第 4 章，我们会对物联网、云计算、智能物流以及虚拟技术等做具体的讲解。对于想要向新零售转型的零售企业和零售商家来说，掌握与大数据、物联网、云计算、人工智能等有关的知识和技巧是非常有必要的。我们相信，通过对这些内容的学习和掌握，零售企业和零售商家可以更好地将当前的高新技术应用到新零售的运营中。值得一提的是，我们还在技术篇特意穿插了一些非常经典的成功案例，供读者借鉴和学习。

第 5~9 章是本书的运营篇，这一篇主要介绍了企业在新零售运营方面的内容，包括如何打造新零售爆品、如何做好三通体系、为什么要重视体验建设及营销建设、如何利用新科技驱动新零售等。此外，我们还列举了很多非常经典的新零售案例，包括卡西欧、日本罗森、盒马鲜生、三只松鼠投食店等。我们希望零售企业通过学习本书的运营篇，能够轻松面对新零售，把握机遇，获得更好的发展。

目　录

■ 基础篇

新零售到底是什么

基础篇

新零售到底是什么

第 1 章　新零售时代已经来临

早在 2016 年 10 月，“新零售”一词就被马云提出，之后其概念被各大互联网企业纷纷付诸实践。例如，腾讯于 2017 年以 42 亿元入股永辉超市，随后又推出了零售新业态“超级物种”；京东于 2018 年 1 月正式开启首家线下生鲜超市；阿里资本入股的大润发超市也已经在部分线下门店启动了“新零售升级改造”计划；苏宁云商在 2018 年新开 50 家苏鲜生精品线下超市……

如今的零售行业已经发生了颠覆性的变化，新零售时代即将到来。与此同时，我们可以预见，在未来 10~20 年，电商会逐渐消失，而新零售则会取而代之。那么，何为新零售？新零售时代有哪些特征？各大互联网企业是如何拥抱新零售的呢？针对以上问题，我们将在本章中进行具体讲解。

1.1　电商和实体店的困局

随着社会的发展和人民生活水平的不断提高，实体店已经不能满足人们日益多元化的消费需求了。面对这样的行业困境，众多实体店开始转型升级，希望探索出一个新的发展方向。与此同时，电商也遭到消费者的“吐槽”，如消费体验差、图片与实物高度不符等。由此可见，无论是实体店还是电商，似乎都进入了发展的瓶颈期。

于是，通过对零售企业所遇到的种种问题的研究，阿里巴巴创始人马云在2016年10月召开的云栖大会上提出了“新零售”概念。这一概念的提出对实体店和电商的转型都具有非常重要的意义。

1.1.1 线上市场面临巨大瓶颈

如今，线上市场的主要消费场景已经由PC端转移到了移动端。中国互联网络信息中心所提供的数据显示，截至2017年12月，中国网民规模为7.72亿人，全年共计新增网民4074万人。其中，移动端网民规模已达7.53亿人，较2016年底增加了5734万人。虽然网民的人数依然在增加，但无论是PC端还是移动端，其增速都已放缓，相信很快便会到达饱和期。

中国网民数和互联网普及率如图1-1所示。中国手机网民规模及其占网民比例如图1-2所示。

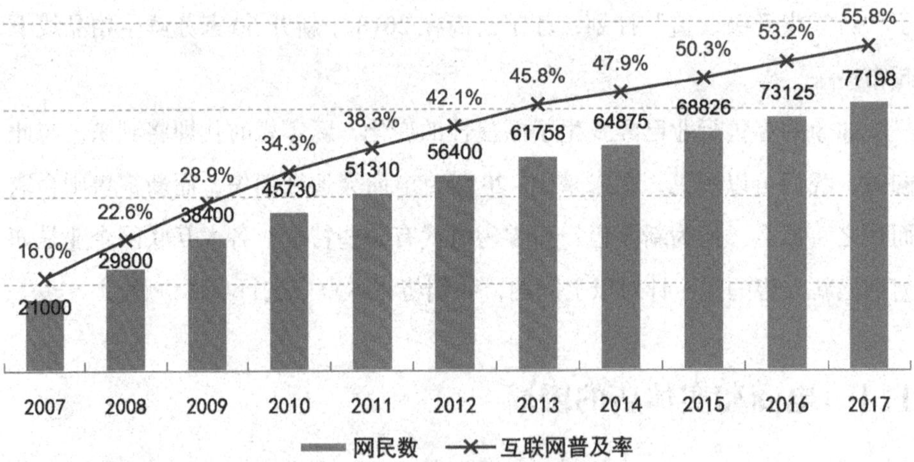

图1-1 中国网民和互联网普及率

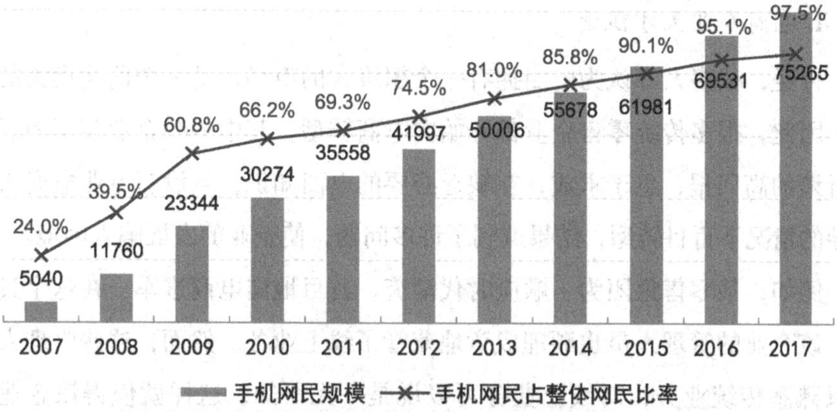

图 1-2　中国手机网民规模及其占网民比率

与此同时，不仅中国网络购物市场交易规模的增速在进一步放缓，而且网购交易规模占社会消费品零售比率的增速也在不断放缓。以上现象都意味着线下市场将会有更大的发展空间，而线上市场的增长空间已经很少了，PC 端流量乃至移动端流量的红利会逐渐消失，这已经成为无法改变的发展趋势。

除了网民饱和以外，还有哪些因素造成了线上市场发展的瓶颈呢？我们从以下三个方面进行说明，如图 1-3 所示。

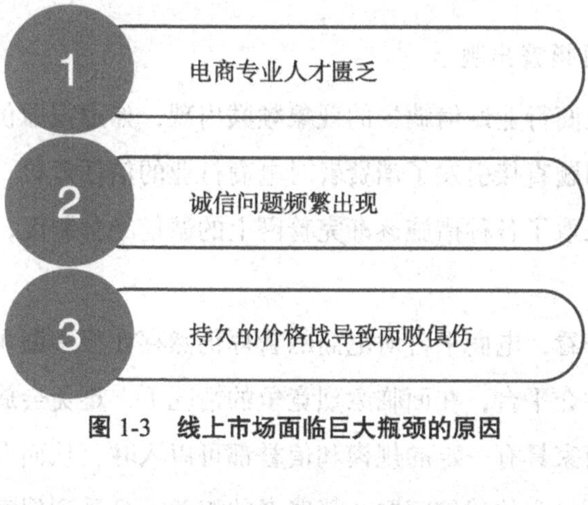

图 1-3　线上市场面临巨大瓶颈的原因

1. 电商专业人才匮乏

曾经，很多人都认为电商拥有一个超级大的市场，是一个前途远大的行业。因此，很多传统零售企业都开始向电商转型。其中一些企业甚至为了获得所谓的高回报，急于求成，在缺乏必要的电商知识，且没有专业电商人才指导的情况下盲目转型，结果遇到了许多问题，使企业的发展陷入困境。

例如，某零售集团为了顺应时代潮流，盲目地向电商进军。在这个过程中，该企业的管理人员也顺理成章地兼管了线上业务。然而，这些管理人员都只熟悉传统业务，对线上业务可以说是一无所知，这样就使得该企业电商业务的开拓变得困难重重、步履维艰。在这种情况下，他们还能否在电商市场分得一杯羹，获得线上流量呢？其转型又能否顺利进行呢？这些都是未知数。

接着，该企业对电商业务进行了几次调整，可依然收效甚微。后来，企业甚至更换了线上商城的名字。对此，企业官方给出的解释是：为了统一线上线下的品牌形象。从这个解释中我们就能看出，该企业的电商平台在最初的定位中就已经出现了偏差，又何谈今后的持续发展呢？所以，对于传统零售企业而言，如果没有专业人才作基础，注定是无法在电商行业获得成功的。

2. 诚信问题频繁出现

近几年，电商行业诚信缺失的现象频频出现，如虚报原价、假抽奖、卖假货等，这些问题直接引发了消费者对电商行业的信任危机。虽然各大电商平台都已陆续采取了各种措施逐渐完善网上的诚信经营制度，但还是不乏漏网之鱼。

从客观上来看，电商平台对电商的管理仍然存在很多漏洞。例如，某电商平台作为纯中介平台，在面临激烈竞争的情况下，难免会放宽对一些商家的审核，只要商家具有一定的规模和信誉都可以入驻，从而会混进一些不良商家，继而引发电商的诚信问题。消费者的权益一旦受到侵害，就会对电商平台失去信任，久而久之，也会对电商市场造成一定的冲击。

3. 持久的价格战导致两败俱伤

为了在激烈的市场竞争中立于不败之地，各家电商挑起了一场持久的价格战，他们寄希望于采用降低价格的方式打败对手，赢得这场战争的胜利。而在淘宝、京东商城、苏宁易购、当当网、国美这些电商平台之间，价格战似乎打得更加激烈。对于这一点，我们从各家的优惠活动中就能得到验证。

京东商城在“五一”国际劳动节期间推出“京东手机，‘五一’盛惠；六大品牌，底价出击；‘五一’特价资源，全数提前释放”活动；淘宝商城在“五一”期间推出“低价大活动，淘宝黄金周”活动；国美在“五一”期间则打出更为响亮的口号“最强店庆月，抢爆五月，3天10亿”。

在这场旷日持久的电商价格战中，很多电商平台及商家都“筋疲力尽”。以当当网推出的“三天免费电子书下载”活动为例，如果这样的活动一直持续下去，并不断挑战价格底线，那么当当网的盈利必然会减少很多。假如盈利持续下降，最后电商平台必然会面临财政危机。

综上所述，无论是因为网民饱和，还是上述三方面因素的影响，线上市场的发展空间都已被严重压缩，此时向新零售转型则是改善这一现状的绝佳手段。因此，对于广大电商来说，一定要把握住新零售带来的转型契机。

1.1.2 传统实体店遭遇困境

传统实体店在电商、微商等线上网店的冲击下，早已经出现门店租金及人工成本居高不下、市场竞争日益加剧、经济环境不佳等诸多痛点问题。如今，实体店“生意不好做”已是一个不争的事实，我们可以从以下三个方面进行具体说明，如图 1-4 所示。

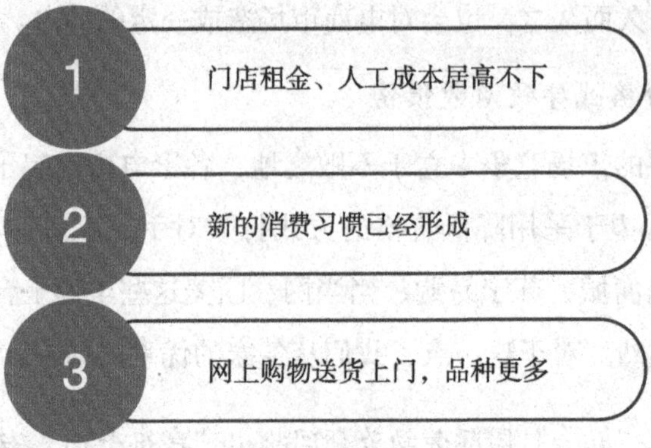

图 1-4　实体店遭遇的三大困境

1. 门店租金、人工成本居高不下

结合传统零售行业的固有模式来看，哪家零售企业占据更有利的地理位置，开设的连锁门店更多，其就能拥有更大的市场。这种固有模式曾经导致了我国实体门店数量以每年翻一番的速度不断增加，同时也造就了传统零售行业发展最为迅速的黄金十年。

然而，随着互联网的发展，特别是在新零售浪潮的冲击下，传统实体店遭遇到了前所未有的危机，甚至一些传统的大型连锁企业也难逃厄运。例如，2017 年 3 月 3 日，据知名鞋业品牌达芙妮公布的数据显示：2016 年该公司预计净亏损为 7.9 亿 ~8.4 亿港元，亏损增幅为 58%~70%，这是达芙妮近十年首次出现业绩亏损。

一代“鞋王”达芙妮已疲态尽显，而与之对应的现实是，除了销售额在持续下降以外，达芙妮的国际店铺数量也在持续减少。要知道，达芙妮在巅峰时期的实体店数量高达 6000 家，但到了 2016 年年底仅剩下 4598 家，减少了 1400 多家。实际上，导致这一现象的主要原因正是实体店铺销售额的大幅度下降，门店租金以及人工成本的居高不下。而这些也都是我国众多实体店不得不面对的难题。

2. 新的消费习惯已经形成

电商的快速发展以及竞争的日益激烈，大幅压缩了传统零售行业的利润空间。如今，“80 后”“90 后”已经成为购物的主力军。对于这些年轻人来说，通过用电脑或手机在网上下单的方式来满足其日常的购物需要，已经成了一种习惯。当然，这种新的消费习惯也成就了阿里巴巴、京东等电商企业。阿里巴巴的数据显示，在 2017 年的“双 11”活动中，该公司天猫平台上的商品成交额总量达到了 571.12 亿元，远远超越前一年的 350 亿元。这种电商定期举办促销活动的运营方式，也在一定程度上抑制了传统零售企业的发展。

3. 网上购物送货上门，品种更多

相对于传统的零售企业来说，电商基本上都提供送货上门服务，让消费者足不出户就可以获得心仪的商品。这种购物方式既方便又可以节省很多时间。而且，电商的商品品种往往比实体店更丰富，这也让消费者有了更多的选择。另外，网上有些商品的价格也相对便宜一些。因此，诸多优势使越来越多的消费者青睐于在网上购物。

无论是自身出现了问题，还是受到了网上购物的冲击，如今的传统实体店无疑都面临诸多困境，有些甚至濒临倒闭。在这种情况下，传统实体店摆脱困境、重获活力的方法就是向新零售转型。

1.1.3 全新运营模式：“线上”融合“线下”

传统电商和实体店为了打破当前所面临的瓶颈，谋求新的发展机会，都必须采取全新的运营模式——“线上”融合“线下”。线上线下融合的运营模式是新零售的精髓，只有采用这样的新零售模式，才能够解决电商和实体店目前所面临的问题。

另外，在互联网大数据时代，没有哪家企业能脱离互联网和大数据而独立存在，这也使得新零售模式被越来越多的人认识和接受。目前，无论是电商还是实体零售企业都开始对新零售模式进行探索和实践，并不断参与进来。这也意味着新零售已经变成了一种极具价值的新型运营模式。

在这种情况下，大量电商和实体零售企业纷纷开始转型，希望能够实现线上线下并驾齐驱，从而提升自己的竞争力。例如，友谊阿波罗、步步高等传统零售企业都在积极探索出路，致力于把关注点延伸到电商触及不到的领域。

在新零售的推进下，企业线上线下融合的速度有了很大的提升。线上电商和线下实体店正在通过合作的方式实现优势互补，从而推动零售行业对资源进行优化配置。在这一方面，京东和五星的合作就做得非常出色。

2017 年 12 月 11 日，电商零售企业京东与华东地区市场份额领先的实体家电零售企业五星电器签署战略合作协议，宣布双方在“共创、赋能、开放”的宗旨下，展开无界零售战略合作。

正式达成合作后，五星电器旗舰店入驻京东，把其线下的产品全部发布到了线上，通过京东的网上平台和精选的优秀运营团队，将实体店所销售的产品分销到全国各地，尤其是北京、天津、上海等大型城市。通过这次合作，五星电器实现了从区域性家电销售企业向全国性家电零售巨头的跨越。

对于京东来说，五星电器旗舰店的入驻也丰富了京东线上电器产品的品类，为京东线上平台的消费者提供了更多的选择机会，极大地满足了消费者的需求。

具体地说，新零售究竟是一个什么样的融合模式呢？

1.“线上 + 线下”才是最好的融合方式。零售企业要根据自身的发展优势及资源限制，准确把握线上与线下在融合中的定位。

2. 走出“只要把产品挂在网上就实现了融合”的理解误区。其实，把产品挂在网上只是企业为实现线上线下融合而迈出的第一步。确认多端消费个体、统一价格、实时监管库存、协调零售渠道、进行销售分析等都是融合的重要环节，绝不能被忽视。否则，一旦企业的业务量扩大，其价格、支付、库存、物流等都会受到影响，并将严重降低消费者的购物体验。同时，出现这样的问题也说明这类企业根本没有实现真正的融合。

3. 要确定清晰的融合策略和融合渠道。零售企业实现线上线下融合的重要途径应该是与消费者进行更深层次的互动。要知道，零售企业要想经营好，必须通过线上平台和线下数字化设备等实现全渠道的信息共享，明确目标消费群体，从交付端、服务端及商品端等方面为消费者打造全新的消费体验。

在新零售面前，不管是线上零售还是线下零售，似乎都失去了往日的"色彩"。因此，对于任何零售企业来说，要想在当下站稳脚跟并谋取发展，必须尽快实现线上线下的融合，以促成二者的优势互补。

1.2 新零售时代的特征

新零售时代的到来，使我国零售企业的经营模式发生了巨大变化。在新零售时代，线上和线下的界限变得模糊，逐渐融为一体。一些传统实体店与电商也开始进行线上与线下的合作，以便使彼此的优势得到互补。这样既能给消费者带来快捷方便的线上购物体验，又能满足其在实体店可以切身体验商品的需要。

新零售的特征主要表现在消费场景化、体验极致化以及内容电商化。这些特征都是围绕消费者展开的，而且新零售企业所有的推广与定位也都是把消费者的需求放在第一位的。在新零售时代，谁能最大化地满足消费者的需求，谁就可以成为最后的赢家。

1.2.1 消费场景化

消费场景化能有效地帮助商家吸引更多的消费者，解决经营上遇到的难题。

例如，对于一些餐饮店而言，库存餐位一般是大量存在的。餐饮店经营的固定成本往往很高，而边际成本却非常低，所以，餐饮店对销售剩余空位一直有着迫切需求。

那么，我们应该如何破解这个难题呢？A平台就为我们提供了一个很好的解决方案。

在某个节日当天，A平台的很多餐馆都推出了“今日特价”活动。在午饭期间，如果一位消费者希望在附近找到一个相对便宜的餐馆，他就可以登录该平台的App，使用搜索功能定位查找自己周边的餐馆，再对平台上的众多餐馆进行选择。而当消费者看到某餐馆的“今日特价”标签时，他就很有可能会选择这家餐馆就餐。

在选择好合适的餐馆后，消费者只需要通过平台进行手机支付预订，就可以直接进入相应的餐馆消费，从而为消费者省去了面对面预订的时间。

以上运营模式有很多好处。一方面，这种模式可以整合各家餐馆当天没有被预订的位置，以便为消费者提供参考；另一方面，这种模式也可以通过移动互联网技术聚合特定场景中的消费者，推动消费者与餐馆之间的互动，从而为那些相对名气不高的餐馆招来大量消费者。

然而，对于一些相对高端的四五星级酒店来说，它们中的大多数都非常在意自己的品牌形象，有时候宁愿承受空位带来的损失，也不愿轻易降低饭菜的价格。而“今日餐馆特价”的模式恰好能解决星级餐馆空位的痛点，为其降价吸引消费者找到了一个合适的理由。例如，某星级酒店与某个平台达成合作，届时会在某个特定的时间段把酒店中剩余的位置发布到此平台上销售，并给出一定的折扣优惠。而消费者通过这个平台就可以很方便地根据餐馆的距离、星级、价格、风格等实际情况进行查找和预订，享受星级酒店的优惠服务。

以上消费模式就属于场景化消费。除此以外，虚拟超市也是一种场景化消费的经典案例。目前，在一些大城市的商务区或地铁周围，消费者经常可以看到一些小食品或饮料的广告牌。这些广告牌上都会标有一个专属的二维码，消费者只要用手机扫描这个二维码，就可以直接在手机上下单购买这些商品。而消费者在自主下单之后，只需等半个小时或一个小时就可以拿到这些商品。

从理论上来讲，消费者在任何场景中都能和附近各种各样的商品和服务资源相关联。如果相关企业能在此基础上进一步附加上商品信息分类、搜索比价、顾客点评和对照等功能，便能极大地提升消费者在场景中的消费体验。

1.2.2 体验极致化

新零售模式不仅能为消费者创造更加方便、快捷的购物方式，节省他们大量的购物时间，还能为他们提供最真实、最优质的体验服务。在新零售模式下，消费者可以先体验、后消费。通俗地讲，消费者可以先在线下实体店体验产品的质量和性能，然后再根据体验的效果确定是否在线上购买。

由此可见，凭借“线上 + 线下”的一条龙式服务，新零售企业能为消费者带来极致的消费体验。

例如，2017 年 11 月 28 日，江苏 37 号仓电子商务有限公司推出的智能无人售货机正式投入使用。37 号仓智能无人售货机利用智能化的控制平台实现了全程无人售货，它比传统超市、开放式货架更加方便、快捷。售卖的产品涵盖了国内外上百种零食、生鲜水果、快餐便当，品种非常丰富，可以最大限度地满足消费者的购物需求。而且，37 号仓智能无人售货机还采用灵活的“空间载体 + 无人看守 + 自助结算”模式，不仅大大降低了建店、租店、人工成本等费用，提高了零售企业的运营效率，还给消费者带来了极致的购物体验。

对此，37 号仓的负责人表示：“传统的购物方式存在很多弊端。在线下的实体门店购物，消费者很容易被导购员推荐去购买某种产品，在结账付款时常常需要排很长的队。对于一些赶时间的消费者来说，这种购物方式很不方便。如果消费者选择在网上购物，却又担心在网上购买的产品难以保证质量，这对于一些追求质量的消费者来说也是不方便的。37 号仓推出这款智能售货机的目的就是想解决消费者的各种不方便。我们通过软件智能控制和硬件智能操作来帮助消费者实现自主选购、随拿随走、不用排队结账、保证产品质量、购物更加高效率的便捷消费方式。”

此外，37 号仓对其销售的每一款产品都进行了精心的调研和严格的质量把控。例如，在供应商的选择上，37 号仓会选择在相关行业内享有盛名的供应商，保证其产品拥有良好的口感，更加安全、健康；在账户交易上，37 号仓采用具有先进技术保障体系的交易系统，利用严格控制操作人员对后台管理系统的使用权限、隔离底层系统和核心业务系统、严禁外部访问等种种措施来保障消费者的资金安全。

在快节奏的现代社会，利用 37 号仓智能无人售货机，消费者只需几秒钟就能完成购物过程，从而大大地节省购物时间。

在新零售时代，任何一种形式的创新、任何业态的涌现都应该以消费者体验为导向，最终引领行业向更高效率、更优体验、更高性价比方向发展。37 号仓便是凭借其对新零售本质的精准认知，为消费者带来了全新的区域布局和创新体验。其他零售企业也应该多借鉴其成功经验，根据自身优势采取适宜的方式，以达到提高消费者购物体验的目的。

1.2.3 内容电商化

毋庸置疑，新零售具有非常明显的电商化特征，而这种电商化特征与电商相比也是有一定区别的。在一般情况下，新零售的电商化都是依靠网络运行的，并依托网络和大数据而存在。内容电商化具体表现在以下三个方面，如图 1-5 所示。

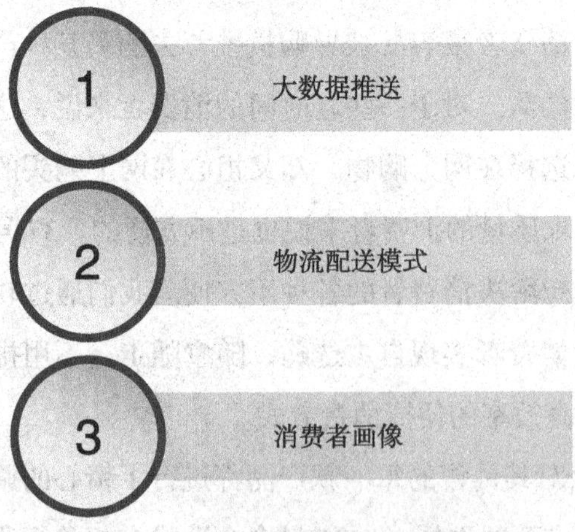

图 1-5　内容电商化的具体表现方面

1. 大数据推送

众所周知，亚马逊是最早进行线上推送的企业之一。初期，亚马逊只是在网上销售书籍，后来亚马逊的负责人发现，在A地有一些消费者在亚马逊上购买了几本同类型的书籍，而B地的消费者也存在同样的情况。这就说明，A和B两个地方有相同的消费群体，他们的兴趣爱好也是相近的。

于是，亚马逊的负责人便开始对这类情况进行数据分析，并根据数据分析结果对相关的消费人群进行划分。例如，某位消费者在亚马逊平台上浏览了两本畅销的文学类作品，并将其加入购物车，完成了下单。亚马逊的技术人员就会将他的浏览和购买行为与大数据相结合进行分析，看看与他类型相同的消费者还会购买哪类书籍，然后将这类书做成一个书单推荐给他。

利用这种精准推荐，亚马逊的年销售额增长了30%以上，这就是新零售时代大数据的力量。

现在的亚马逊不仅在线上利用大数据，还把大数据推广到线下，开创了自己的实体门店AmazonBooks。这无疑是一种新的尝试。目前，AmazonBooks已经探索出了一种线上线下融合的模式。这种模式的核心就是内容电商化，其利用网络和大数据的支持，吸引线上和线下的流量，使得其实体书店的营业额直线攀升。

2. 物流配送模式

物流业是新零售发展相对较弱的一环。如今，为了提升服务质量，充分显现新零售的优势，很多新零售企业都加入了物流方面的竞争。其中最有实力的就是阿里巴巴的零售通和京东的新路通。

二者的平台物流配送模式以全国性的社区超市或便利店为基础，依托互联网整合了实体店资源，采取网络和实体相结合的社区新零售模式，构建了一个覆盖全国，涵盖社区电商服务、城镇化微物流和社区便民服务的综合服务平台。

在目前的配送模式中，阿里巴巴和京东这两家掌握线上大数据的电商巨头已经成为物流业的主导。一方面，它们都是拥有众多商家资源、实力雄厚的电商平台，可以为物流提供准确的数据支撑，优化物流服务。另一方面，他们都具有先进的物流管理系统，可以实现线上和线下的无缝连接，让消费者能够随时查看其购买商品的物流信息。

3. 消费者画像

新零售的内容电商化还体现在为消费者画像方面。以银泰百货与阿里巴巴的合作为例，二者正在向线上线下更加融合的方向发展。

2017 年 1 月，阿里巴巴成为银泰百货最大的股东，并计划在未来将其股份占比增加至 74%。之后，阿里巴巴又与银泰百货合作，开发了一个新零售大项目——银泰百货下沙工厂店。据该店的相关负责人介绍，阿里巴巴利用大数据绘制出了店址周围 5 公里范围内的消费者画像，并根据这些数据确定了门店的装修风格、所售产品的品类等。此外，阿里巴巴还将该店全线接入喵街系统，通过系统数据监控产品的价格趋势，了解客户群的偏好，从而使产品与消费者达到精确匹配。

通过为消费者画像，该店精准地掌握了附近消费者的购物喜好，成功吸引了大批消费者光顾，使该店的销售额得到快速增长。

除此之外，阿里巴巴还和银泰进行了第二个项目的合作——ONMINE 零食馆。2017 年，该零食馆在杭州中大银泰城开业。与下沙工厂店类似，该店也成功地对消费者进行了画像，即应用大数据技术，针对时下年轻人的零食消费倾向进行了分析，得出的结论是消费者对国外优质休闲食品的需求正在不断上升。据此，该店在进货时选择了更多的进口零食。

而且，该店的布置也是根据消费者画像来完成的。根据年轻人追求闲适的心理，该店只将 1/3 的区域划为了零食陈列区，而将剩余 2/3 的区域都划为了休闲体验区。该店还在体验区设置了吧台和座椅，供年轻人品尝零食，休息谈心。

通过大数据分析，实体门店能够实现为消费者画像，从而了解当地目标消费者的喜好、消费习惯，有针对性地实现产品的快速上新、更换以及调整，以更好地满足消费者的需求。

1.3 巨头转型，布局新零售

新零售已经成为当今零售行业发展的大趋势。无论是电商还是线下实体店，都在做着同一件事情，即将全渠道的资源整合成为一个没有界限的共同体。例如，线下实体店可以弥补线上电商在消费者体验不佳、流量成本过高等方面的不足，而线上电商则可以为线下实体店提供先进的数据支持，从而提升线下门店的运营效率。

以沃尔玛为例，其将实体门店和网上商城融合成为一个整体，使消费者无论到实体门店购物，还是通过网上商城、移动端购物，都会体验到快捷、便利的无差别服务。久而久之，消费者便不会再刻意区分沃尔玛实体门店和线上网店了，而只会关注沃尔玛周到的服务。

1.3.1 抱团取暖：传统零售＋线上

如今，线上流量红利已大不如前，所以新零售领域迸发出的新流量和新商业红利就成了商业巨头们争夺的重点。为了实现优势互补，许多企业都采用了抱团取暖的模式，组团进军新零售。这种模式的通常配置是传统零售巨头＋线上巨头。

对于专攻线下的零售企业而言，随着新零售合作渠道的不断增加，高频、高质流量入口的稀缺性也进一步凸显。对于线上巨头而言，其业务正逐渐由购物、社交向支付、金融等灵活性更强的领域扩展。因此，向新零售转型的共同需求有力地促进了两者的合作。

2014 年，腾讯正式实施电商布局计划，打算借助其巨大的流量导入能力进军电商行业。然而，到了 2017 年，线上流量开始向移动端转移。在这种情况下，移动端高频流量与线下零售的结合就成为大势所趋。因此，腾讯因势利导，着手制定了一系列战略，希望可以高调入局新零售。

腾讯的新零售计划主要是对永辉和唯品会的入股。

2017 年 12 月 17 日晚，永辉超市发布公告，企业控股股东、实际控制人张轩松、张轩宁与林芝腾讯科技有限公司签订股份转让协议，张轩松、张轩宁将其持有的47852.31万股永辉超市股份（占永辉超市总股本的5.00%）以合计约42.15亿元的价格转让给林芝腾讯。

继入股永辉超市之后，腾讯再次入股唯品会，敲定其“无界零售”板块的第二笔联合投资。如果说入股永辉是为了实现线上线下的场景对接，那么入股唯品会则是为了实现资源互补。

根据腾讯与唯品会的协议，唯品会将按照每个ADS（每个ADS相当于0.2股A类普通股）13.08美元的价格定向增发10%的股份；而腾讯则在交易交割时以现金形式向唯品会投资约8.63亿美元，持有其7%的股份。要知道，13.08美元已经接近了近半年来唯品会股票交易的最高价，这也体现了腾讯入局新零售的坚定决心。

此次合作完成以后，唯品会将继续保持独立运营。而在业务方面，腾讯向唯品会开放了微信钱包入口，提供微信平台流量支持。据透露，未来双方将在品牌联盟、流量联盟等方面寻求进一步合作。

唯品会相关负责人对此次腾讯入股的评价揭示了双方合作的重大意义：“腾讯平台消费者对于寻找、讨论、购买品牌服装有着巨大的需求；腾讯平台与唯品会优质产品的深度对接，可以更好地满足平台消费者的需求和体验。与此同时，入股唯品会可以强化腾讯的电商变现能力，打造线上融合线下、健康且多元的零售生态体系。”

如今，为了尽快抢占新零售市场，抱团取暖策略似乎已经成了大家的共识。在这一趋势下，各大企业都在寻找与自己最互补的合作伙伴，从而达到取长补短的目的。而从另一个角度来说，企业组团进军新零售的模式也大大地加快了新零售时代的到来。

1.3.2 强IP+多产业：依靠强IP扩张产业版图

在新零售时代，人、货、场也被重新排列。其中，人逐渐成为驱动商业发展的核心因素。借助IP形象势能来拉动消费者的群体消费，已经成了很多新零售企业的发展战略。

在阿里巴巴网商大会上，“新零售”和“IP 融合”已经成了新网商时代的热门词语。早在 2016 年 6 月底，零食连锁企业良品铺子就已经和超级星座 IP 同道大叔合作，共同开设了美食休闲生活馆。2017 年初，坚果电商品牌三只松鼠也在自己的产业版图中加入了影视成分，成立了松鼠娱乐。

如今，很多零售企业纷纷开始依靠“强 IP+ 多产业”来扩张自己的产业版图。例如，以“IP+ 零售 + 轻餐饮”为特点的蒙奇奇就在努力打造一个全新的模式——既不是餐饮也不是零售，而是具有消费引擎动力的 IP 新业态。其通过建造一个个蒙空间，为消费者提供多维的视觉和味觉方面的体感感受，来提升消费者的消费体验。

我们可以试想这样一个场景：蒙奇奇这个玩具类 IP 形象悄然走进了消费者的生活圈，和消费者一起拍照、一起就餐、一起卖萌、一起做面包，同时还会以表情包的形态出现在消费者的手机里。通过融入不同的生活场景，蒙奇奇走入各类产业中，扩大了其产业版图。

上述蒙奇奇的案例可以衍生出这样一个问题：为什么 IP 能切入轻餐饮产品？我们可以从以下几个方面进行说明，如图 1-6 所示。

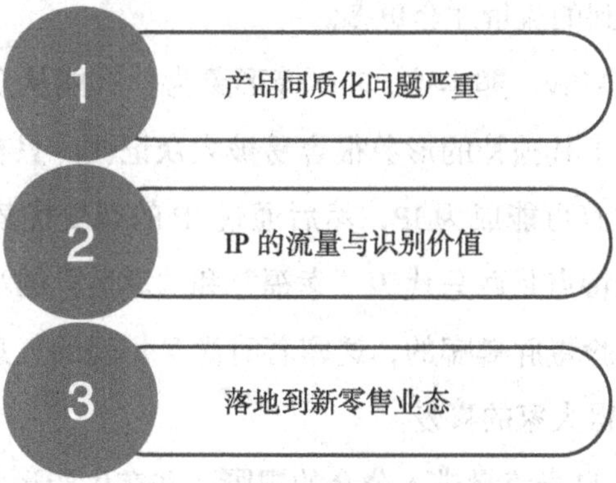

图 1-6 IP 能切入轻餐饮产品的几方面原因

1. 产品同质化问题严重

从良品铺子与同道大叔合作打造零食体验馆，到三只松鼠做松鼠娱乐，再到蒙奇奇的生活化，都为我们揭示出了同一个道理：纯粹以产品的品类、渠道来吸引消费者的时代已成过去，零售企业都在致力于解决其面临的越来越严重的同质化问题。那么，如何才能解决这种同质化问题并提高产品质量呢？一个比较好的方法就是在产品中附加内容价值，从而激活相应的消费群体。

例如，在以前的坚果行业中，小企业主们关注的都是坚果好不好吃、供应链是否完善、产地是哪里、品类多不多、价格是否便宜等问题。但是，为什么三只松鼠能从传统的坚果行业中脱颖而出，成为该行业的一匹黑马呢？这是因为三只松鼠瞄准了不同寻常的方向，除了在坚果的质量、产品、价格等方面做得更好以外，其还在文化价值打造方面推出了三只松鼠的品牌形象，与消费者进行互动，而这正是其最吸引消费者的地方。

2. IP 的流量与识别价值

IP 之所以被称为 IP，是因为 IP 本身聚集了很多流量。这些流量不仅对 IP 本身很忠实，同时也会对 IP 的衍生品情有独钟，这就是 IP 流量的价值。蒙奇奇这个玩具类 IP 本身已经聚集了一些流量，而其要想在新零售时代做好消费品生意，依旧需要着重关注流量、入口等多方面的问题。这样才能吸引更多的流量，让流量呈现指数级增长。毕竟，只有 IP 的流量足够多，其在后期通过自传播吸引到的流量才会更多。

另外，像 hellokitty、熊本熊、line 等形象为什么能从众多动漫形象中脱颖而出？原因就在于其独特的形象很容易被大众记住。只有当某一形象被大众熟知之后，其才有可能成为 IP，然后通过 IP 的裂变优势变成超级 IP。例如，蒙奇奇的形象特点是两只代表“幸福”和“幸运”的小猴子，它们的形象是身上毛茸茸、脸蛋胖嘟嘟的，透露着时尚又年轻的气息，这种可爱又乖巧的形象很容易博得大家的喜爱。

蒙奇奇凭借 IP 自身流量进入公众的视野，并在生产运营的过程中非常注重契合当下的移动网络习惯，顺应消费者的需求，先由爆款 IP 过渡到内容精确输出，然后再逐渐渗透到轻餐饮，从而成功切入零售产业链，成为打造零售业新形态的典范。

3. 落地到新零售业态

如果IP表情包能在社交平台上不断流转，就可以把IP形象附加的粉丝优势变成商机，这就是蒙奇奇开创情景餐饮的初衷。对于蒙奇奇而言，其主要通过两个途径使其IP在产业中落地：一个是从单纯由IP生产内容扩展到运营、授权相关衍生品等方面，打造文娱全产业链条；另一个是通过升级当前的消费产业，将IP背后的粉丝势能与消费服务场景进行深度的融合，为消费品附加新的功能。例如，在天津落地的直营蒙奇奇情景轻餐旗舰店便是其将IP落地为新零售的成功实践。

此外，蒙奇奇还利用其IP形象的线上势能，与具有线下渠道和强产品能力的公司合作，以此来加强对IP形象的宣传力度。例如，其与小黄车的合作就是如此。通过这种跨界融合，蒙奇奇让自己在同类产品中脱颖而出，强化了其产业内的品牌价值。而且，这种与其他不同品牌的合作使蒙奇奇与成千上万家线下门店产生了更多更深的连接，实现了线上线下的深度融合。

蒙奇奇在打造IP形象方面获得的成功坚定了其不断扩大产业版图的信心。该公司负责人还透露，他们最新设计的IP正在筹备和孵化当中。

毫无疑问，与新零售业态的融合将是蒙奇奇业务发展的一个新突破口，其本身也是新零售时代“强IP+多产业”中的一个典型案例。最后值得一提的是，IP的孵化运营并不单单指向餐饮产业，也可以扩展成“IP+服装产业”“IP+旅游产业”“IP+服务产业”等多种行业形态。

1.3.3 高科技+：运用前沿科技打通线上线下

在新零售时代，互联网、物联网、云计算、虚拟现实、人工智能等技术都有了质的飞跃。这些高科技是新零售发展的基础工具，没有了它们的支持，新零售就等于空谈。所以，运用前沿科技打通线上线下也应是零售企业向新零售转型的重要手段。

2017年11月27日，中国工商银行与京东金融联合推出“工银小白”数字银行，工商银行也因此成为国内首个将业务拓展到互联网平台上的银行。

工商银行之所以选择与京东金融合作，主要是为了利用京东成熟的网络科技打通线上线下，为客户提供个性化的服务。例如，“工银小白”对工商银行的部分传统业务进行了创新。过去，客户的存款证明业务通常都需要客户亲自到银行网点办理，但有了“工银小白”以后，客户就可以足不出户办理业务了。

“工银小白”应用了大数据、人工智能等前沿科技，为客户在传统的银行业态之外搭建了一个“享用业余生活时间，满足金融需求”的零售金融新场景，为客户带来了“随心随手”“一触即发”“安全高效”“方便快捷”的智慧零售金融新体验。

“工银小白”是新零售时代银行和企业合作、利用前沿科技开发的新产品，其不仅大大方便了人们的生活，还给人们带来了更加便利的消费体验。

此外，工商银行还会与京东金融在共建线下主题网点、无人贵金属店等多个领域开展合作，而京东物流也将为工行的电商平台融 e 购提供配送服务。

对此，京东金融 CEO 陈生强表示：“我们用优质的产品证明了金融科技能为银行创造真正的核心价值。从本质上来讲，这也创造了无界金融。这里的无界更多是指在服务范围上的无界限，但并不是突破监管的框架。什么是无界金融？它主要有两个方面的内涵，一方面是数字化，另一方面是全场景化。数字化是指以数字化的形态服务于消费者，所有服务都是以数字为基础的，再加上技术的驱动，服务就能像积木一样实现自由组合，像插件一样自由嵌入与连接。而全场景化是指金融服务不仅打破原有服务场景的局限，还打破物理时空的局限，让线上线下互为入口，互相服务，实现线上线下的融合。在这种模式下，金融、产业与技术将实现完美的结合。”

我们可以看到，在与京东达成合作以后，工行的互联网金融战略便开始向“智慧银行”升级发展；在未来，其可以通过对高科技的应用，将金融服务对接到现实生活中的各个场景，从而为消费者提供更简单、更高效、更随心的金融服务。

对于高科技在新零售方面的应用，本书在技术篇会做详细的介绍，在此不做赘述。

第2章 新零售模式：线上线下+大数据+人工智能

在当今的互联网时代，传统零售行业因为受到电商的冲击而开始逐渐失去在市场上的主导权；电商的发展也并不是一帆风顺的，由于缺乏线下的体验，再加上人工智能的崛起，电商也陷入了困境。因此，无论是传统零售行业还是电商，都应该在当前的大环境中寻求变革与突破。

过去，在绝大多数消费者眼中，购物就是买东西。但随着大数据和人工智能等新技术的应用，购物已经成了一种能给消费者带来更多感官体验的生活方式。在互联网、大数据、人工智能等技术的影响下，传统零售模式已开始向“线上线下+大数据+人工智能”的新零售模式转变。

2.1 新零售模式的三大关键点

众所周知，“新零售”这个概念是马云在阿里巴巴的云栖大会上提出的，而他表示：“未来的10年、20年，没有电子商务这一说，只有新零售。”此后，“新零售”这一新兴概念就以迅雷不及掩耳之势发展起来，引起了社会各界的广泛讨论。那么，马云口中的新零售到底是什么呢？

如今，互联网与消费者的关系日益密切，线上电商就是借助互联网发展起来的。然而，最近几年，大数据、人工智能开始逐渐进入人们的视野。与此对应的是，零售行业也发生了巨大的变化——电商市场趋近饱和，线上平台开始重视消费者的消费体验，而线下实体店也希望依靠互联网、新科技来挽回颓势。于是，技术的成熟加上零售企业的迫切需求便催生了“新零售”这一产物。

在传统零售模式下，实体店和电商是完全分离的，而新零售模式则要求我们做到以下三个方面：要实现线上线下的深度融合；要利用大数据精准触达目标消费者；要将人工智能贯穿零售全过程。本节，我们将针对这些内容做详细说明。

2.1.1 线上线下深度融合

过去，电商的销售流程往往是从线下采购一批爆品放到线上销售，再利用网上流量绕过中间商环节把产品卖掉。然而，如今这种仅仅依靠流量获取红利的电商模式已经不再是主流了。究其原因，是存在一个非常明显的弊端：消费者的线上购物体验始终不如线下实体店购物，甚至可以说消费者根本无法在购买之前获得最真实的体验。

这就要求企业改变以往的销售模式，转向新零售，实现线上线下的深度融合，给消费者带来良好的购物体验。正如马云所说的：“线上的企业必须走到线下去，线下的企业也必须走到线上来。线上线下加上现代物流，才能实现真正的新零售。”

在 2016 年的“双 12”期间，各零售企业就打通了线上线下各环节，实现了二者的深度融合。与此前消费者只能单纯地在线上“买买买”不同，2016 年的“双 12”成了企业与消费者在线上线下的集体狂欢。也正因为如此，很多业内专家都把 2016 年视为新零售开始的一年，而同年的“双 12”也成了企业将线上线下深度融合的练兵场。

此后，各大零售企业纷纷开始尝试线上线下融合的运作模式，其主要目的就是为了在新零售的浪潮中能为自身争取到一席之地。那么，线上电商如何实现向线下实体店渗透呢？线下实体店又如何实现向线上电商转型和升级呢？

在“双 12”期间，有些企业通过在线上造势，向消费者发放优惠券或宣传促销产品来吸引消费者。而消费者在获得这些优惠券和促销产品后，须到相应的线下实体店体验和购买。这就成功地将线上的大量消费者引流到了线下。

例如，某企业中国高级营运经理介绍说：“从 12 月 8 日到 12 日，我们每天都在手机客户端推出 8 万份 1 分钱的纸手帕，这些纸手帕每天不到 10 秒钟就被抢光。与之前不同的是，消费者不能从网上获得产品，而必须要到线下的实体店来兑换。如果这 40 万份 1 分钱纸手帕全部被兑换，企业就能获得近 40 万的客流量，折算到企业全国的 236 家门店，平均单店所增加的客流量接近 1700 人。”

此外，某服务平台的数据显示，其在 12 月 12 日当天帮全国 300 多个城市的商家发出了近 1.4 亿张优惠券，成功转化了 6500 万笔交易。而这些交易的绝大多数都是在线下完成的。

某互联网运营商的数据也显示：“它为线下的 91893 个商家提供服务，在‘双 12’当天获得了 2.8 亿元的销售额，相关部门精准营销工具的核销率高达 25%。”

由此可见，将线上线下深度融合可以使企业获得更多的客流量，从而提升销售业绩。

然而，为了使线上线下深度融合，更好地提升销量，企业还应注重利用大数据技术，将线上和线下的流量渠道精准打通。例如，发放优惠券乍看起来是件非常简单的事情，但其实是企业利用大数据技术对大量消费者的地理位置、支付数据、消费偏好等多种因素进行分析后，才制定出的有针对性的优惠策略。如果一家店的客单价是 80 元，那么，它就可以依据分析数据有针对性地向潜在消费者发放满 100 元减 5 元的优惠券，这不仅有利于提高门店的客单价，还有利于提升门店的日常营业额。

除了利用大数据技术以外，企业还可以利用支撑消费的互联网服务环境来实现线上线下的融合。例如，为消费者提供快速优质的配送服务。在这一方面，永辉超市的“超级物种”实现了 24 小时配送服务，百联集团为消费者提供 1 小时速达和定时送达服务，盒马鲜生支持 5 公里半径内的 30 分钟配送服务。

有了配送服务，消费者在线上下单不仅能够方便快捷地获得商品，并且可以在收货前随时查询物流信息。此举既满足了消费者的购物需求，又为零售企业增加了订单。对此，盒马鲜生的负责人曾表示：“在盒马鲜生开业半年以上的成熟门店，线上订单与线下订单比例高达 7∶3，并已经实现了单店盈利。”

除了企业自身打造线上线下融合模式外，线上电商和线下实体店也已经由原来的相对独立、相互冲突状态逐渐转化成了相互促进、彼此融合。例如，永辉超市在其发布的公告中表示，腾讯拟通过协议转让方式购买永辉超市 5% 的股份。而在此之前，阿里巴巴也通过股权投资参与到了银泰商业、三江购物、苏宁云商、联华超市、大润发等线下实体企业的运营当中。

针对这种情况，中国电商研究中心负责人表示：“腾讯与永辉超市线上线下的合作，意味着它和阿里巴巴在新零售领域的竞争进一步升级。大量资金的投入有利于增加线上企业在线下的话语权，并为线下零售业输出个性化、定制化的新零售解决方案。”

随着新零售模式如火如荼地发展起来，如今我国很多企业都已走在时代的前沿，真正实现了线上线下的深度融合。对此，韩国大型食品企业 CJ 集团就曾派其韩国和东南亚总部的工作人员，专程来杭州和北京学习我国新零售的线上线下融合模式，并打算把他们学到的一系列方法引入其企业内部，如精准营销、自助收银等。

所以，那些还未实现线上线下融合的零售企业应该紧跟时代步伐，早日完成线上线下的融合，给消费者带来更优质的消费体验，同时实现自身销售业绩的提升。

2.1.2 数字化：利用大数据精准触达目标消费者

传统实体零售企业最大的弊端就是不能收集消费者的有效数据，也不能对消费者的消费行为进行分析、预测，从而无法根据数据分析来实现精细化的运营管理与精准营销。

不过，现在很多零售企业也都试图同时发展线上与线下的业务，但都没有取得明显的效果。主要原因在于，这些企业没有打通线上线下的数据节点，造成了大量重要数据的缺失，导致难以绘制精准的消费者画像。

针对以上问题，企业需要利用大数据加强对消费者的精准触达。通过大数据监控消费者的购买行为，进而优化营销方案，这是每个零售企业都要达到的目标。

在新零售时代，不管是线上企业还是线下企业，都应该运用大数据完成对消费者的精准分析。因为在注重消费者体验的新零售时代，能准确找到潜在消费者、理解消费者并服务消费者的零售企业才能获得消费者的青睐，在市场竞争中脱颖而出。十年前，追求时尚的消费者在购买化妆品时可能会选择国内比较知名的品牌。而如今在全球化的背景下，消费者则可能会选择一些国际大牌的化妆品。那么，企业该如何准确掌握消费者这种购物倾向的变化，顺势而为呢？这就要依靠大数据的监控和精准分析了，而这也是如阿里巴巴、京东这样的电商企业能取得巨大成功的一个重要原因。

企业应如何利用大数据来精准触达消费者呢？我们从以下几个方面进行说明，如图 2-1 所示。

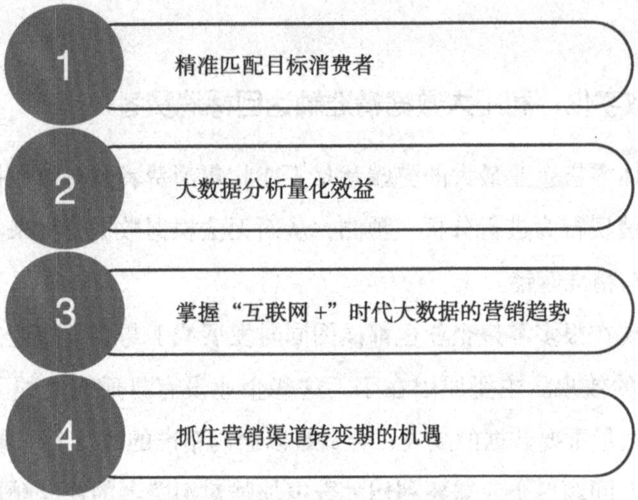

图 2-1　利用大数据精准触达消费者的做法

1. 精准匹配目标消费者

企业利用大数据从消费者的基本属性（如性别、年龄、职业和收入等）、使用产品的时间、活动范围等多个维度进行分类，通过对不同场景的筛选及定制用品的切入点，就可以快速找到有需求的消费者群体，并洞察到消费者的喜好，从而提升推送的广告与目标消费者的匹配度。

2. 大数据分析量化效益

大数据分析可以帮助企业实现精准营销，从而使其在细分市场能够快速找到潜在消费者，并提高转化率。例如，阿里巴巴、京东、腾讯等线上企业都可以运用大数据来实现针对消费者的精准推荐；百度地图可以根据消费者的实时定位数据精准推断出他的住所和公司所处的位置，从而为他的出行提供最佳的路线规划。

企业采用先进的大数据智能分析技术，可以对媒体的投放渠道进行再分析、再评估，从而根据不同的品牌推广需求实现对渠道联动整合的进一步升级。一方面，企业集合了不同投放渠道的优势，对现有的媒体渠道进行升级，并打通了产品的供应链，然后根据产品品牌不同的推广场景决定智能匹配流量和广告渠道的投放比例，最终获得最佳的投放策略；另一方面，利用大数据，企业还能创造多种营销投放的场景，使产品的营销能够在不同的场景中为消费者带来体验；而且，随着场景的不断丰富，企业还可以逐步覆盖、触达更多的目标消费群体。

3. 掌握“互联网 +”时代的大数据营销趋势

传统的营销模式是一个直线的链条过程，可以分为“吸引注意、引起兴趣、主动搜索、产生购买、分享”五个部分。这种营销模式开始于消费者对产品和服务的关注，终止于购买行为和忠诚度的建立。这就好比一个漏斗，最初关注的消费者会很多，而最后进行购买并建立忠诚度的消费者则很少。

在当今的“互联网 +”时代，消费者的所有消费行为已经发生变化，其都处于一种纤维网络状态。在这种状态下，任何两个消费行为都有可能出现跳跃式连接。如果零售企业还想用过去那套营销方式来服务消费者的话，那么，取得的效果很可能适得其反。

所以，企业应该充分利用大数据对当今消费者的消费行为进行深度挖掘和分析，准确掌握消费者的消费动向，从而制定精准的营销策略。

4. 抓住营销渠道转变期的机遇

零售的本质就是在合适的场景下，以最适合的方式建立企业与消费者之间的连接。而新零售模式则使企业与消费者之间产生了更多双向的连接。很明显，企业与消费者之间的连接越多，就越能吸引消费者，提高市场转化率。

采用大数据技术，企业就可以根据消费者的基础属性、兴趣、使用产品时间、标签喜好等多重维度对消费者进行精准分析及对比，再根据消费者的消费行为数据构建数据模型，迅速找到相应的消费群体并掌握其真实需求。这样一来，企业就可以尽可能多地建立与消费者的连接，转变以往的营销模式，构建一条可以全面触达消费者的营销渠道。

因此，企业应该顺应时代发展，抓住营销渠道转变期的机遇，采用大数据技术进行精准营销。

2.1.3 人工智能：贯穿新零售全流程

人工智能技术的应用也是新零售的重要标志之一，其贯穿于新零售的全流程，是实现新零售不可或缺的重要手段。那么，在新零售领域，人工智能是怎样被应用的呢?

总体来看，人工智能主要被应用在两个方面。一是打造智慧化供应链，节约人工成本，满足消费者需求方面；二是开设无人实体店，给消费者带来极致的购物体验方面。

首先，企业可以利用人工智能打造智慧化供应链。在新零售背景下，企业越来越注重消费者对产品配送服务的体验，打造智慧化的供应链。这种供应链以市场和消费者需求为导向，围绕“人、货、场”整体框架，基于数据智能、信息技术、流程优化和员工赋能四大基础，通过提供订单承诺履行、协同计划、动态定价、年度经营计划、需求计划、商品管理、库存管理、自动补货和调拨、供应计划、成本效益分析等应用场景的解决方案，使企业的运营计划和决策体系得到了全新的构建和优化，实现了人工智能算法和闭环业务流程的智慧管理。

以京东图书为例，京东用12个图书采销员管理了几十万SKU（库存量单位）的图书。一般来说，采销管理需要完成采购、入仓、补货、运营等多项工作。而且，管理这么多图书，其工作烦琐复杂，需要耗费大量人力物力。以前这样的工作大概需要几百个采销人员才能完成，而现在京东采用了人工智能打造的智慧化供应链，便轻松解决了这一问题。

其次，企业可以利用人工智能开设无人实体店。开设无人实体店可以实现商品的全程无人售卖，极大地简化消费者的购物流程，给消费者带来更加便捷、舒适的购物体验。

2017年7月，阿里巴巴在第二届淘宝造物节上推出了“淘咖啡”。消费者首次进店，需要打开手机淘宝，扫码获得电子入场券，在签署过数据使用和隐私保护声明、支付宝代扣协议等条款后便可以通过闸机，开始自由购物。在消费者购物和点餐的过程中，店内的人脸识别系统能将他识别出来，然后将消费者本人与其线上的支付宝账户绑定，保证他在店中的任何购物行为都能被系统识别、记录，并在其支付宝账户中进行同步操作。在购物离开时，消费者只需要通过一扇结算门，店内的智能系统就会将消费者购物产生的费用从其支付宝账户中自动扣除。

据蚂蚁金服技术实验室高级技术专家透露，淘咖啡主要涉及会员账号连接、产品链路打通和物联网支付三项技术方案。其中，物联网支付方案是蚂蚁金服技术实验室研发的。在识别人和产品方面，其混合使用了计算机视觉和传感器感应技术及消费者无感知生物识别技术，这几项人工智能技术的应用大大降低了系统的误判率。目前，淘咖啡的物联网识别系统对产品误识别率为 0.1%，而对人的误识别率仅为 0.02%。

其实，阿里巴巴并不是第一家开设无人实体店的企业。在此之前，一家世界知名的零售企业便已开始了这方面的尝试。

2016 年 12 月，亚马逊宣布推出无人实体商店 AmazonGo。店中采用了计算机视觉技术、深度学习以及传感器融合等智能技术，极大地简化了消费者在传统柜台收银结账的烦琐过程。

与淘咖啡类似，消费者在 AmazonGo 里只需要下载亚马逊的购物 App，在商店入口扫码成功后就可以进入商店自由挑选商品。当消费者离开后，系统会自动根据消费者的消费情况在其个人的亚马逊账户上结账扣费。不过，由于目前开设 AmazonGo 所需的技术成本太高，亚马逊只在其总部开了一家。

如今，利用人工智能技术开设无人实体店，在我国已经逐渐成为一种风尚。欧尚的 BingoBox、大润发的无人实体店都已在上海落成，而在今年的芝麻信用大会上，无人便利店 TakeGO 也首次亮相。

除此之外，一些企业还将人工智能与大数据融合，实现广告的精准推送及精准营销。

针对人们对人工智能的一些疑问，我们再来回答以下三个问题。

（1）人工智能和数据分析有什么区别呢?

人工智能与传统数据分析的最大区别在于，人工智能可以更精确、更科学、更全面、更系统地监控消费者的消费行为，从而做出更精准的预测。例如，传统线下实体店的数据分析是由人工统计完成的，其往往只能分析出消费者购买哪款商品最多或经常在哪个货架前逗留。而人工智能的深度学习技术则可以全程追踪消费者的轨迹，从消费者“进门”开始，其先看哪儿、后看哪儿、在什么地方停留的时间最长，一直到“出门”，他的每一个动作细节都会被精确捕捉。

企业在利用智能系统收集了大量消费者的购物轨迹之后，就可以构建出这一群体的消费模型，掌握他们的消费习惯，对相关商品的销售进行精准的预测，并依此做出相应的采购决策，以达到提高销量、降低库存的目的。

在新零售行业中，这种预测能力可以催生更加强大的商业模式。例如，京东就可以用人工智能技术准确预测某个产品在未来一个月内的销售量，从而提前备货。

（2）应用人工智能的新零售行业是什么样的?

在零售的前端，人工智能改变了以往电商平台、实体超市的购物形态和场景，消费者购物更加便捷。在零售的后端，人工智能则颠覆了以往复杂的物流仓储体系，为企业节省了大量人力成本，提高了商品流转的效率，从而将商品以更快的速度送到消费者手中。

（3）哪些公司在人工智能上更具优势?

目前，在人工智能的应用上，阿里巴巴和京东走在了前列。这两家电商平台经过多年运营，都积累了大量的消费者数据，并开发了成熟完善的人工智能技术。如今，它们又结合自身优势，在人工智能方面不断开拓创新，向后来的企业展现了全新的营销手段和运营模式。

阿里巴巴在数据上有支付宝、口碑网支持，后来又入股银泰、三江购物等线下零售企业，已经获得了大量全场景、多元化的数据，为其更好地利用人工智能技术打下了基础。而京东作为自营电商企业，它的产品营销数据积累得更加深厚，又利用人工智能打造了完善的智能仓储物流体系。这些优势使它能与更多品牌商合作，从而为拓宽营销渠道铺平了道路。

在“新零售 + 人工智能”模式下，消费者获得了更多感官上的购物体验，他们的购物方式正在变得多元化、多样化。而企业也因此掌握了更加精准的销售数据，改善了物流存储体系，节约了大量成本，提高了运营效率，进而赢得了消费者的青睐。因此，应用人工智能技术是企业践行新零售必不可少的途径。

2.2 新零售模式下的新变革

新零售时代，在需求拉动、技术驱动和市场推动三大要素的作用下，每个零售企业必将迎来一场不可避免的新变革。那么，企业要想变革创新，就应该全面把握当前及未来的市场变化方向，在深入分析新兴市场的情况下认真思考新零售模式会对哪些行业产生影响，会产生怎样的影响，并以此来制定全面、完整、准确、合理的新零售变革创新实践方案。

目前，企业在新零售模式下的新变革主要体现在以下四个方面：从以前的货场人到现在的人货场；电商与店商的无缝衔接；零售 + 体验式消费；零售 + 产业生态链。

2.2.1 从“货场人”到“人货场”

在传统的零售模式中，市场是占据主导地位的，消费者需求则是其次。而在新零售时代，消费者成了整个营销过程的主导。这种变革要求企业的零售模式实现从“货场人”向“人货场”转变。

其实，在不同时期，“人”“货”“场”三者的关系也是不同的，会随着市场的发展而变化。

在物质短缺的时代，“货”是占第一位的。因为当时需求大于供给时，任何产品都很容易销售出去，所以那时的零售模式是“货场人”。

在传统零售时代，物质得到了丰富，“场”由于可以帮助企业获得较大的客流量，赢得区位优势，而逐渐占据了核心位置。因此，企业只有占据市场的黄金位置，才能在激烈的竞争中脱颖而出。所以，那时的零售模式是“场人货”。

在当今的互联网时代，尤其在新零售时代，产品营销都是以人的需求为根本的，也就是我们常说的以“人”为本。因此，“人”就成了整个销售模式的核心。所以，现在的零售模式是“人货场”。

那么，究竟什么是“人货场”呢？其实非常简单，就是选对的“人”（外部目标客户 + 内部销售人员），挑对的“货”（风格 + 品类 + 价格波段 + 上市波段），在对的“场”（城市 + 商圈 + 地址 + 楼层 +VI+SI+VM）进行销售，尽可能地满足消费者需求，以期获得最佳零售绩效（销售额 + 坪效 + 人效 + 品效 + 客单）。

在践行“人货场”方面，优衣库为我们做出了很好的榜样。

在“人”方面，优衣库会通过各种各样的营销方式，让消费者获得更加便捷、舒适的购物体验。例如，消费者在网上购物时，优衣库就会为其提供周边店面的位置及库存情况，发放可以在实体店使用的 App 优惠券。而消费者在实体店购物时，优衣库也可以让消费者通过手机扫码的方式查看其选中的衣服在该店和周边其他分店的库存量，实现精准下单。

在“货”方面，优衣库以消费者的需求为导向，利用大数据和人工智能技术对消费者的购物行为进行采集和分析，从中得知消费者的喜好，并结合流行时尚设计出更受消费者喜爱的服装款式。

在“场”方面，优衣库开发出仓储式门店，实现了门店和仓储物流的高度融合，使每一个店铺都成了一个仓库。它还连通所有门店的库存数据信息，实现了数据共享。这样一来，就大大缩短了物流时间，提高了物流运输效率，满足了消费者快速收货的需求。

由此可见，优衣库的“货”和“场”都是以“人”为导向的，都在为满足消费者的需求而不断进行调整和改变。

新零售的最大特点就是，企业依托互联网和大数据，以实体门店、电子商务、移动互联网为核心，通过将线上线下深度融合，实现产品、会员、交易、营销等数据信息的共享，为消费者提供跨渠道、无缝化的极致体验。而从“货场人”到“人货场”的转变就是新零售开始的重要标志。对于这一点，我们可以从以下几个方面进行说明。

1. 人：以人为本，无限逼近消费者内心需求

在行业内有一个段子，“在大数据时代，商家将比妈妈还了解你。”这就是新零售的真实写照：商家要无限贴近消费者的需求，在任何场景下都能智能化地为消费者推送其真正需要的信息。例如，当某人想要出去旅游时，一份根据其兴趣偏好、饮食习惯、消费习惯制定的“旅游指南”就会被发送到他的手机上；当某人想要买一件商品或想要找一家餐馆就餐时，那么，他可能感兴趣的商品种类清单或附近性价比较高的餐馆名录就会及时出现在他的手机中，诸如此类。

2. 货：定制化生产模式——C2B

在工业时代，生产和销售奉行的模式是“大生产 + 大零售 + 大渠道 + 大品牌 + 大物流”，其主要目的就是依靠规模效益来努力降低企业的生产成本，进而降低商品价格以吸引消费者。而如今，随着经济和生活水平的不断提高，价格已经不是决定消费者是否购买商品的最重要因素了，更个性化、更能与消费者产生情感交流的商品会更容易获得消费者的青睐。因此，企业原来的生产模式势必要发生改变，符合时代潮流的定制化生产模式——C2B 应运而生。

3. 场：消费场景无处不在

当今，产品品牌与消费者的触点——消费场景已经出现了爆发式增长。消费者的购物渠道更加多元化，如实体门店购物、网上购物、电视购物等。可以说，只要有屏幕和网络的地方，消费者就可以轻松购物。未来，随着

AR/VR 技术的进一步发展，消费场景更会无处不在，使消费者所见即所得，提升其消费体验。

综上所述，定制化生产的普及，消费场景的多元化，只是改善了“货”和“场”，丰富了营销的手段，企业要想真正提升核心竞争力，还是要更多地关注“人”。而要关注“人”，企业就要深挖消费者的心理需求。这除了要练就技术与数据营销的扎实功底之外，更重要的是要广泛运用内容、娱乐、公益以及互动等多种营销手法，赋予商品更多的情感因素，不断触及消费者的内心，使其成为品牌的粉丝。

2.2.2 电商与门店的无缝衔接

据相关数据显示，目前，66% 的消费者希望能在线上买到和实体店同款同质的产品，而超过 90% 的消费者希望在线下实体店的购物可以变得更加轻松。这说明消费者的购物方式已经变得越来越灵活多样了，他们对线上和线下的购物模式都有很高的期待。这样的需求也就促使线上电商和线下实体店打破原有的隔阂，通过合作来实现双方的优势互补。线下实体店可以通过电商在线上拓展自己的业务，而线上电商也可以把线下实体店当成其与消费者互动的平台。这样一来，两者便有效弥补了各自的缺陷，最大限度地提升了消费者的消费体验。

如今，随着线上电商和线下实体店融合程度越来越高，界限越来越模糊，一些新零售企业已经实现了真正意义上的“你中有我，我中有你”。消费者无论是到实体店购物还是在网上购物，都可以获得无差别、不间断的购物体验，他们也不再刻意对线下实体店和线上电商进行区分。这就是我们要讲的电商与实体店的无缝衔接。

那么，企业要如何实现无缝衔接呢？这就要求企业在消费的整个环节（从发现到搜索、购买、订单履行，再到产品维护或退货）中都具备无缝的响应能力，具体体现在以下几个方面（如图 2-2 所示）。

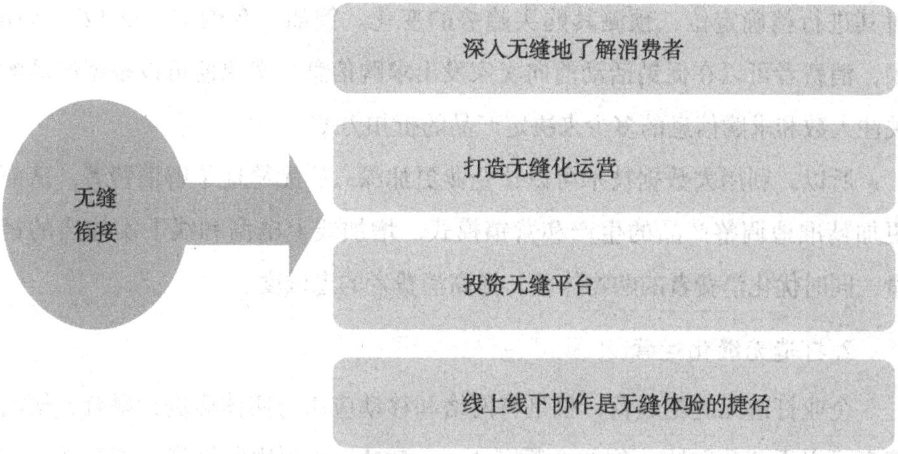

图 2-2　企业实现无缝衔接应关注的几个方面

1. 深入无缝地了解消费者

在当今时代，商品种类繁多，同质化现象非常严重，导致消费者在面临众多选择时变得非常挑剔。例如，如果他们中意店里的某件商品，往往就会要求店里的工作人员为他们保留，然后去其他店寻找类似商品，进行询价比较。但在整个购物过程中，他们随时可能由于看到其他商品或者其他朋友的推荐，就轻易改变原来的购物计划。这就要求零售企业要加强与消费者的互动，在他们购物的整个过程中，不断与他们沟通以了解他们的需求，实时跟进他们的购物进程，记录他们的消费行为，聆听他们的诉求和建议，满足他们的各种要求，尽可能地促成交易。

如今，利用大数据对消费者的需求进行分析也是企业把握消费者动态的一种有效方式。假如零售企业积累了很多消费者的消费行为和购买偏好的数据信息，那么，它便可以通过对这些数据的分析为消费者“画像”，进一步确定相应消费群体的购物偏好。

例如，沃尔沃斯充分利用其实体门店和线上会员产生的各种购物数据，并通过对这些数据的精确分析，创建了个性化的“收藏夹”列表。该“收藏夹”可以向消费者推荐他们可能会购买的产品，获得了消费者的好评。

不仅如此，如果消费者的购物渠道发生改变，企业也可以利用数据分析对其进行精确定位，预测其购买趋势的变化。例如，在淘宝“双 12”活动中，消费者可以在促销活动前向卖家发出求购信息，卖家便可以根据产品的关注人数和求购信息的多少来决定产品的折扣力度。

所以，利用大数据技术可以让企业更加深入、无缝地了解消费者，从而更加精准地调整产品的生产和营销模式，增加线上电商和线下实体店的销量，同时优化消费者的购物体验，提高消费者的忠诚度。

2. 打造无缝化运营

企业打造无缝化运营，就是将网络和移动应用与实体店进行融合，使消费者可以无缝化购物。例如，英国 AuroraFashions 利用网络将其库存系统进行了全面整合。整合后，即使在最小的门店，工作人员也能以最快的速度处理公司旗下三大品牌的订单。同时，AuroraFashions 还构建了一体化的跨渠道采购与产品销售系统，支持产品销售、营销、供应链部门的跨渠道运营。通过打造这种无缝化运营，AuroraFashions 极大地提升了运营效率，降低了成本，消费者购物也更便捷。

3. 投资无缝平台

投资无缝平台是指企业通过加大对数据分析、存储技术和云解决方案的投资力度，进一步增强其市场预测分析和洞察消费者偏好的能力。企业因此就像拥有了“千里眼”和“顺风耳”，从而可以从容应对市场变化，随时把握消费者的购物趋向。例如，日本优衣库投资云架构，便是利用云架构的分析成果，果断合并了公司的部分职能部门，简化了一些区域的业务流程，从而适应其快速扩张的需要。

4. 线上线下协作是无缝体验的捷径

企业要想使消费者获得无缝化的购物体验，就必须对其购物的每一个流程都进行统一管理，包括线上的预订、线下的体验、物流配送等，这是一个异常复杂而艰巨的任务。所以，对于传统的电商或实体店来说，自身的局限性使其很难独自让消费者完成无缝化的购物过程，只有线上与线下相互协作，整合各自的优势，才是打造无缝化购物体验的捷径。

如今，一些电商平台和物流供应商的合作便充分证明了这一点。例如，阿里巴巴入股北京星晨急便，又把德邦物流和佳吉快运作为其第三方推荐物流商。其利用大数据和人工智能技术整合物流资源，既能为物流商提供数据支撑，提高物流运输效率，又能让消费者实时查询到其购买商品的物流信息，达到了给消费者带来无缝购物体验的目的。

此外，零售企业还可以和提供技术、数据以及流程的商家合作，从而完善营销策略，简化消费者的购物流程，为其线上线下的无缝衔接提供便利。

值得一提的是，有些电商平台与第三方购物平台的合作也收到了很好的效果。例如，亚马逊与第三方购物平台实现了合作。亚马逊的会员可以使用其亚马逊账号在该平台上自由购买商品，而亚马逊则对该平台收取相关系统和基础设施的维护费用。在这种模式下，第三方购物平台获得了亚马逊的流量，亚马逊也借此拓宽了销售渠道，为消费者带来了非凡的无缝化购物体验。

2.2.3 零售＋体验式消费

近些年，快节奏的生活、繁重的工作使人们越来越渴望生活得轻松、闲适、愉悦。基于这样的需求，体验式消费开始兴起，同时也促进了相关休闲产业的蓬勃发展。例如，农家乐等体验式休闲观光农业、真人CS等模拟战场环境的体验式游戏和体验式娱乐产业等。

如今，体验式消费已经成为一种潮流。零售企业要在竞争中脱颖而出，就必须更加注重消费者的体验，以消费者需求为核心，打造体验式消费。那么，究竟什么是体验式消费呢？

其实非常简单，体验式消费就是企业以消费者为中心，通过对商场、产品的安排以及特定体验过程的设计，让消费者获得良好的购物体验，从而得到精神上的满足。在当今激烈的市场竞争环境下，这种体验式消费已逐渐成为企业参与市场竞争的一张王牌。

从目前的市场情况看，零售＋体验式消费的发展方向主要体现在以下四个方面，具体内容如图 2-3 所示。

图 2-3　零售 + 体验式消费的几方面体现

1. 企业推出购物节，为消费者带来低价购物体验

电商平台举办购物节，带动大批商家参与购物节相关促销活动，从而掀起了一场场购物狂欢，为消费者带来了低价的购物体验，如“双 11”“6 · 18”等。

一般来说，商家都会在购物节期间顺应潮流，或多或少地对自己的商品打折促销，而消费者则可以集中于这段时间大量购买商品，获得实惠。

以“双 11”为例。如今，“双 11”已经由原来天猫一家平台的促销活动，演变为遍及全网和全国线下零售店的全民购物狂欢节，在其范围不断扩大的同时，持续的时间也在延长。例如，2017 年的“双 11”活动就被足足延长了半个月。

随着购物节的持续火爆，线上线下的商家们也都各显其能，不断加大打折力度，以便能吸引更多消费者，在低价竞争中取胜。作为上海百货标杆的新世界城选择在“双 11”前举行内购会，利用“双 11”的热潮大幅降低其内购会上的商品价格。例如，对原价 11.3 万元的“子君款”手表打了 8.5 折，优惠了 1.7 万元（“子君款”手表为热播剧《我的前半生》中罗子君所佩戴的同款手表）。如此低廉的价格吸引了消费者的眼球，收到了很好的效果。据相关数据显示，仅在活动第一天就有 10 万名有购买意向的消费者涌入新世界城内购会，参与活动。

2. 休闲式体验

休闲式体验就是将一些能引起消费者兴趣的娱乐互动元素融入购物过程中，使消费者亲身参与，感受快乐，从而提升他们对商品的好感度，促使他们最终完成购物并成为品牌的忠实粉丝。

众所周知，消费者对产品及服务的需求和理解各不相同。如果商家能在他们购物的过程中使他们感受到乐趣，就会大幅提升其消费体验，促进交易的达成。

商家可以通过以下两个途径来为消费者提供休闲式体验。

第一，商家可以让消费者亲自参与商品的制作。例如，一些商家可以让消费者自己种菜、喂猪、动手挤冰淇淋、榨新鲜果汁等；有的剧组在制作电视剧时会征求观众的意见，让他们根据自己的喜好来决定剧情的走向；这样让消费者参与产品的制作，就会增进他们对产品的感情，为他们带来满足感，使他们成为产品的粉丝。

第二，商家利用科技手段简化购物流程，使消费者获得方便快捷的购物体验。例如，一些超市可以让消费者通过扫描产品二维码完成付款，从而减少他们在柜台排队付款的环节；一些服装店可以为消费者提供 3D 试衣镜，简化其反复换衣的流程，增强试衣效果。

体验式消费能使商家与消费者产生更多的互动和情感交流，已经逐渐演变成了商家的一种重要营销手段。我们可以预见，未来更多新奇好玩的体验型产品和服务会大量涌现，商家也会将营销手段从提供更好的商品向提供更加完美的体验服务转变。

3. 体验中购物，购物中体验

如今，很多商家都在完善购物场景，将购物和体验相融合，实现了使消费者在体验中购物、在购物中体验的目标。例如，知名的大型家居卖场——居然之家就在这方面走在了时代的前列。其通过对卖场的精心布置和装修，使置身其中的消费者就仿佛进入了一个个或时尚、或高雅、或温馨的休闲空间，他们可以在这里喝茶畅聊、听音乐、商谈事情，而完全不觉得这仅仅是一个家居卖场。消费者在这里获得了良好的体验，自然也就希望把这种体验搬回到自己的家中，从而也就完成了购物。

此外，居然之家还专门为消费者打造了一个更高品质的家具体验馆。在体验馆中，消费者可以直观感受各款产品的使用效果，体验更为细致周到的服务。例如，营销人员会向消费者介绍多款花洒和水龙头，演示其出水效果，让消费者体验不同水柱落在皮肤上的触感，并向消费者认真介绍不同产品的使用方式和特色，使他们买得更加放心。

居然之家营造出像家一样的氛围，搭建起消费者深入体验产品的场景并凸显产品本身的娱乐性和互动性，从而吸引消费者参与以延长消费者的逗留时间，因而增强了消费者的购买乐趣，更好地促使消费者现场购买。其打造体验式卖场的目的，就是为了让消费者在体验中购物、在购物中体验。

对此，居然之家的负责人表示："对于消费者来说，冷冰冰的家居产品是没有任何情感的。但是采用情景化的布置，就能够给消费者带来更极致的购物体验。"

4."肉搏"式竞争逐渐走向高端竞争

在传统的销售中，商家采用的都是"肉搏"式竞争，也就是靠单纯地打价格战来吸引消费者。这种方式过于简单粗暴，商家即使在价格战中获胜，也往往只是赔本赚吆喝。而体验式消费则将商家的竞争提升到了另一个层面，使其变得更为高端。在竞争中，商家需通过大数据、智能技术等高新科技手段来提升消费者的购物体验，以此赢得消费者的好感和青睐。

例如，京东的3C体验店就是通过对店面的精心布置，营造出游乐场式的氛围，给消费者耳目一新的感觉，让他们在感受其中乐趣的同时自主地消费，从而在更高层次获得消费者的好评，在竞争中取胜。

时代在发展，消费者的购物理念也在不断更新，零售企业应该顺应潮流，摆脱以往“肉搏”式的竞争，把提供最优质的购物体验作为竞争的核心，以满足消费者的高端购物需求。

2.2.4 零售＋产业生态链

商务部研究院流通与消费研究所副主任路红艳说：“互联网时代零售业不像以前仅仅关注自己的发展，而是关注上下游企业的协同。很多零售企业从原来的零售向零售＋金融转变，通过整合供应链上下游，包括相关利益群体，已经到了跨界融合共生的阶段。这种融合对于提高流动效率、降低流动成本有很大作用。”

新零售是对商业模式的创新发展。在新零售时代，商家应该注重平台的搭建，打造健康的生态产业链，追求组织、管理上的协同。

如今，很多企业都认识到了打造新零售生态产业链的重要意义。正如草根知本与永辉达成的战略合作一样，这次合作表明了双方寻求革新商业模式的决心。

草根知本以“优选全球、健康中国、美味食品、便利生活”为目标，拥有非常庞大的板块业务，包括乳业、冷链、调味品、营养保健品、宠物食品等。而永辉是一家以生产生鲜食品为主的传统零售企业，不管是在供应链的管理还是零售渠道管理方面，其都具有非常明显的优势。

2017 年 8 月 28 日，永辉联合草根知本在西南合资成立了四川新云创商业管理公司，迈出了打造生态产业链的第一步。该公司整合了双方的优势，凭借其出众的快消产品销售渠道协同、冷链业务协同和全球供应链管理，成为行业内的领军企业。

根据双方共同规划的合作路线，草根知本和永辉将在“线上＋线下＋深度体验”方面开展合作，在四川区域内开设新零售店——“超级物种”。迄今为止，它们已经开设了 12 家这样的超级物种店。除此之外，它们还在新零售、冷链、快消品渠道和移动互联网等方面进行合作，力求更好地打造产业生态系统。

在冷链业务优势协同层面，永辉拥有专业的冷链物流，能够使生鲜产品实现精细化、标准化地运送，保证了“超级物种”拥有成熟完善的冷链配送系统。

在全球供应链管理层面，“超级物种”完美继承了草根知本和永辉在供应管理方面的优势，联合智慧科技，成了零售业界的佼佼者。

“超级物种”可以算作是传统零售企业转型升级的一个代表性产物，它开创了零售业新型业态，同时也成了成功打造产业生态链的范例。

除了冷链协同和供应链对打造产业生态链的助力外，草根知本和永辉在人才培养和运用管理上也达成了共识。它们试行合伙人制度，在“超级物种”内设的工坊继续使用并优化了这种合伙人制度。这种制度不仅有利于调动员工的积极性，而且为“超级物种”提供了很好的运营模式，使其不必面对运营上的巨大压力。

草根知本除了与永辉联手打造产业生态链外，还一直专注于消费品企业的转型、升级、资本化的孵化。2016 年 3 月，该企业还成立了四川新希望调味品有限公司，并与成都金福猴食品股份有限公司达成合作。双方整合自身的优势，联手打造具有品牌影响力的调味产品。

草根知本还在国内的一二线城市建立了冷链物流——鲜生活冷链物流平台。因其认识到新零售不是一个环节的问题，而是一个重构产业链和价值链的过程，草根知本在协同其他企业打造产业生态链的同时，也为其他零售业企业的发展指明了方向。

新零售时代，全新的技术和商业模式正在不断地向各行各业渗透，商业格局正在向生产、流通、消费相互融合和协作的方向转变。因此，在未来的商业生态中，企业将更加以消费者为核心。这就要求零售商们不能只关注自身的发展，而是要更注重企业之间的协同合作，通过整合优势资源实现参与者的结构优化，构建一个高效率的产业生态链。

技术篇

底层工具为新零售插上翅膀

第 3 章 大数据：不是分析，而是应用

大数据技术为零售业带来了革命性的变革，从某种意义上讲，正是它的成熟促进了新零售时代的到来。所以，在企业践行新零售的过程中，大数据技术是必不可少的工具。

企业应用大数据技术的流程是这样的，首先通过一些平台和渠道，采集大量消费者消费行为所产生的数据；然后再对这些数据进行整理和分析，为消费者“画像”，构建出数据模型；最后根据数据分析得出的结论，制定产品生产和营销的策略。

其中，最后一步才是最重要的，也就是说，大数据分析仅仅是前提，而最终目的是要应用到实践中去。企业必须将大数据与生产营销进行无缝衔接，这样才能把数据的价值最大限度地体现出来，才能将大数据变为有力的武器，使自己在激烈的市场竞争中立于不败之地。

3.1 大数据：新零售的重中之重

大数据对于新零售的作用毋庸置疑，如果没有了大数据的支撑，新零售

企业就好比失去了双眼，完全无法了解消费者的需求，洞悉消费者的心理，其后续一系列以消费者为核心的营销举措也都注定变为泡影。所以，大数据是新零售的根本，是新零售的重中之重。

3.1.1 大数据：新零售发展的新动力、新资源

新动力、新资源对于我们生活的意义不言而喻，它极大地提高了我们的生活水平，净化了我们的生活环境。而在商业领域，大数据就是企业取之不尽、用之不竭的“新能源”。那么，在新零售时代，如何收集、分析和应用大数据？如何让大数据发挥更大的作用？这些都是企业应该认真思考的问题。

一般情况下，大数据可以分为以下三种流派：数据流、技术流和艺术流。

数据流是指企业通过对大量相关数据进行多维度的分析和解读，更精确地掌握消费者在某段时期的消费倾向。

技术流是指零售企业通过对大数据进行挖掘，进一步分析消费者的偏好。这就要求企业必须要保证数据充足，以使其能运用各种各样的数据模型、方法论对大数据进行深度解读。

艺术流是指零售企业通过分析大数据来了解时下社会生活的方方面面，例如，人们的审美情趣、思想观念、文化素养等。

零售企业不仅要高度重视运营过程中积累的大数据资产（如产品供应商数据、粉丝数据、零售行业数据、消费者数据、企业运营数据等），还要把这些数据充分利用起来，真正将这些“新能源”应用到企业生产和营销的各个方面，使其发挥最大作用：

首先，零售企业要对手中的数据资产进行整合，并使其不断扩大，从而实现大数据资产结构化；

其次，零售企业还要对数据进行深入分析，从中挖掘出有价值的信息；

最后，也是最重要的，零售企业要把大数据应用到实践中。

为了更好地做到这些，企业要充分结合“大数据智慧体系”的特点，对大数据进行创新性应用。具体地讲，企业可以在以下四个维度上对大数据进行应用，如图 3-1 所示。

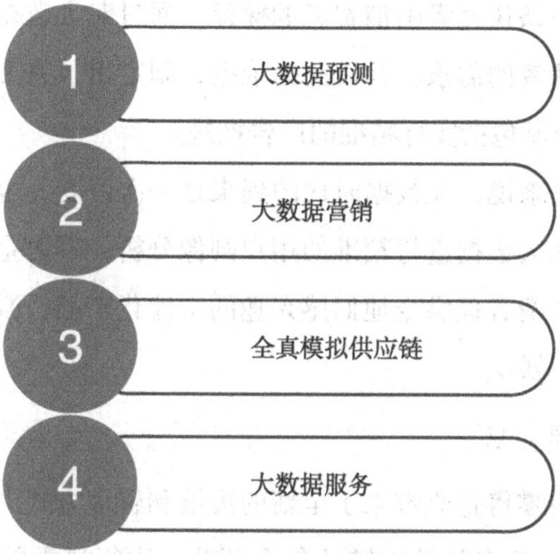

图 3-1　零售企业应用大数据的四个维度

1. 大数据预测

企业利用大数据进行预测的核心目的就是预测消费者的下一步需求，并通过对消费者需求的准确把握，改进自己的产品和营销手段，为消费者提供更加精准的服务，以抓住市场发展趋势和消费者的口味，达到提升企业的利润和口碑、降低生产成本的目的。其具体的做法如下。

首先，企业要与消费者进行深度互动，以此来获得尽可能多的、有价值的消费数据；其次，企业要通过各种算法、前沿技术、数学建模等手段，对海量数据进行结构化分析；最后，企业要利用分析得出的结论，对市场做出科学预测，进而打造更加优质的消费体验，以此招揽更多的消费者，并开展更具吸引力的业务创新，使数据能最大限度地发挥作用。

2. 大数据营销

在新零售时代，零售企业进行大数据营销，就是要充分挖掘大数据的商业价值来提高产品的转化率。而利用大数据实施精准的广告投放就是大数据营销的一项重要手段。

亚马逊为什么可以发展得如此迅速？原因就是其借助大数据营销，为自己的产品找到了一条快速吸引消费者的捷径。通过对大数据的分析，亚马逊精准预测出了消费者的需求，并以此为依据，制定出了完美契合消费者需求的营销策略，其中就包括实行精准的广告推送。

对于零售企业来说，大数据时代的到来是一次巨变，也是一次前所未有的机遇。只有利用大数据进行精准的用户画像分析，零售企业才能实现广告的精准投放，为消费者提供令他们感兴趣的个性化产品，激发消费者潜在的购买欲望，为企业创收。

3. 全真模拟供应链

大数据技术为零售企业带来了全新的决策和管理方式。企业技术人员利用大数据可以全真模拟其供应链的各个环节，进行科学的试验和测试，并对一些重要项目进行小规模的系统性验证，从而为决策者提供重要的决策依据。

一般来说，企业全真模拟供应链的方法是，企业借助互联网的特有功能，以真实供应链管理的情景为参照物，运用先进的仿真技术，针对供应链流程中的随机因素，引入各种约束条件，然后再根据随机因素的特定概率分布，构建出若干个相互关联的供应链场景模型。

在模拟的过程中，技术人员除了要反复计算以外，还要对各种动态经营决策进行全真模拟。这种全真模拟可以为决策者呈现真实的业务场景，并提供管理决策的模拟和演练，从而使其做出更加符合实际的最佳管理决策。

例如，大数据仿真实验室就是全真模拟供应链的典型，其通过仿真模型来研究针对不同区域、不同消费社群的各种营销方案，然后再对这些营销方案进行比较，最终选出最有效、投入回报率最高的方案。

通过对全真模拟供应链中真实情景的把握，零售企业能够事先预知各种决策可能带来的结果，从而提高决策的准确性和合理性。

4. 大数据服务

无论是在线上网店购物，还是在线下实体店购物，消费者在购物过程中所产生的消费数据都会被零售企业记录下来，成为重要的数据资产，对企业的生产营销产生重大的指导作用。由此，一些专门为零售企业提供大数据服务的平台应运而生。

例如，勾正数据就是一家对中国智能电视用户行为进行大数据研究的企业。2017年，电视剧《人民的名义》热播，勾正数据便与相应的广告商进行了合作。勾正数据对用户在播放《人民的名义》过程中的跨屏行为进行了数据分析，并构建出了数据模型。如果它发现一个用户跨屏领域最多的是“购置家电”版块，那么它就会告知相关家电广告商对这一部分的用户进行家电广告的投放。以此类推，如果它发现一个用户跨屏领域最多的是“游玩旅行”，它就会告知相关广告商对这一部分用户进行餐饮食品、酒店预订和景区宣传的广告投放。在整个过程中，广告商不必自己对这些消费者的数据进行分析，只需要借助勾正这一平台就可以实现广告的精准投放。这就是大数据服务平台给企业带来的好处。

此外，通过持续不断地数据开放和共享，零售企业也已经建立了多方面的数据合作。例如，与各种社交媒体和跨界合作伙伴之间的数据合作、与现有和潜在供应商之间的数据合作、与第三方软件开发商之间的数据合作、与第三方卖家平台之间的数据合作、与银行之间的数据合作，等等。

大数据作为一种重要的战略资源，已经使越来越多的企业紧密地联系在了一起，共享其带来的利益和好处。

3.1.2 数字化：新零售的核心

针对新零售这一概念，商界精英们众说纷纭。例如，小米的雷军曾表示“零售是一场适者生存的游戏，本质就是效率的竞争”；阿里巴巴的马云说

“新零售是以消费者体验为中心的、以数据驱动的泛零售形态”；红杉的刘星指出“新零售的‘新’是新业态、新人群、新品牌、新技术”；《零售新规则》的作者罗宾·刘易斯认为，“零售新规则就是神经连接（用户体验）、先占式分销（全渠道融合，要比竞争对手快速分销）以及价值链控制（前后端重塑价值链）”。

与这些企业家相对抽象的观点相比，深兰科技总裁陈海波对新零售特点的阐释则显得更为全面具体。在他看来，未来的新零售会具备以下六大特点：

1. 未来是人工智能时代，零售智能化、无人化是刚需趋势，人工智能必将担当重任；

2. 不是服务机器人代替营业员，门店就是店型机器人；

3. 产品一定要能够被远距离非接触识别，机器视觉才是发展的正确方向；

4. 能够证明你的只有你自己，最安全、最便捷的支付工具就是人本身；

5. 智能零售首先要做到让 C 端客户购物步骤更简便，同时让 B 端商家降低成本，提高黏度，改进模式；

6. 最好的购物就是像在家里拿东西一样，最好的结算就是忘掉结算。

如果仔细分析这六大特点，我们就可以将其归结为一个核心——数字化。

从移动互联网、O2O，到互联网＋、物联网，再到如今的新零售，这些全都属于不同时代背景下不断更新的概念。如果发掘其中的本质，我们就会发现最能准确描述这一变迁的词语其实是数字化。因此，对于新零售来说，数字化才是最重要的核心驱动力，如图 3-2 所示。新零售数字化分为两个方面：战略选择和数字化功能。其中，why 和 what 属于战略选择层面，具体包括商业模式创新、运营效率优化、产品服务创新和客户互动；how 属于数字化功能层面，具体包括人员和组织、数据分析驱动运营流程和 IT 信息化系统、开放创新生态圈。

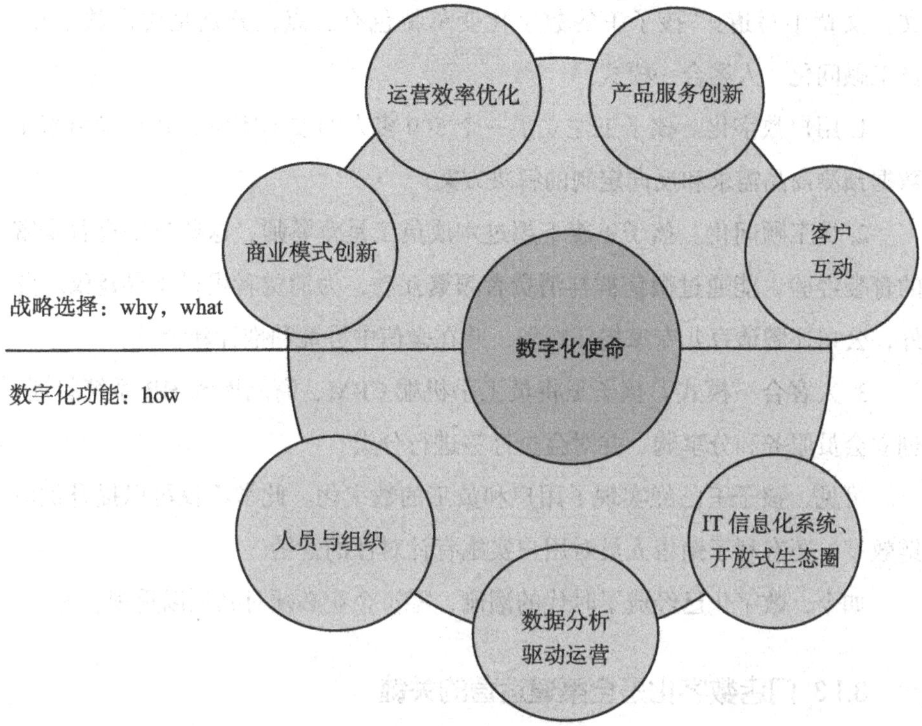

图3-2　新零售数字化图

那么，零售企业应该如何完成数字化的升级和转型，并将其运用到日常运营当中呢？我们可以从以下几个方面着手：

1. 将与消费者之间的深度互动纳入企业经营战略当中；

2. 改变产品服务创新的方向；

3. 对之前的商业模式进行创新。

零售企业如果想把上述工作做好的话，则必须符合以下四个基本条件：

1. 借助IT信息化系统的力量（企业在这方面的投入通常是非常大的）；

2. 建立开放式创新生态圈，帮助零售企业激发周围的活力；

3. 实行流程的数据化，以此来提高经营效率；

4. 组建高质量的人员队伍，无论做什么事情，始终要把执行排在第一位。

中欧商业评论曾针对母婴童行业零售领军品牌——孩子王发表过一篇推

文。文章中写道："孩子王的数字化变革特色有三点，分别是用户数字化、员工顾问化、人客合一模式。"

1. 用户数字化。孩子王建立了一个 500 多人的技术团队，并开发出基于数据预测商品需求和反向定制的解决方案。

2. 员工顾问化。孩子王旗下超过六成员工是育婴师，这些员工有着丰富的育婴经验，能通过微信群与消费者频繁互动，为消费者提供指导建议。此外，公司还聘请育儿专家担任顾问，并在微信中答疑和推荐新会员。

3. 人客合一模式。孩子王将员工手机端 CRM、商品库和 HR 系统打通，创立会员服务和分享购，并对会员标签进行分类。

可见，孩子王已经实现了用户和员工的数字化。此举不仅可以提升供应链效率，还有利于销售人员对用户实施有针对性的营销。

如今，数字化已经成了时代的潮流，零售企业必须对其加以重视。

3.1.3 门店数字化是全渠道运营的关键

如今，随着电商市场的日趋饱和，互联网企业纷纷把关注的焦点转向了开设线下实体店，利用其多年累积的数据技术优势对实体店进行改造，创立数字化门店，并以此创造新的利润增长点。建立数字化门店的风潮便由此兴起。

新的变革必然会对传统的零售行业造成巨大的冲击，传统的市场格局也会因此而发生改变。对于一些传统零售店而言，机遇与挑战并存，无论主动还是被动，它们都要顺应这种时代发展的趋势，以门店数字化来影响全渠道的运营，并以此在新的发展浪潮中占得先机。

那么，什么是全渠道运营？全渠道运营就是企业为了满足消费者任何时间、任何地点、任何方式的购买需求，采取实体渠道、电子商务渠道和移动电子商务渠道整合的方式销售产品或服务，提供给顾客无差别的购买体验。所以，企业利用门店数字化来实现全渠道运营，就是要利用大数据技术在线下、线上、手机移动端来实现全方位的运营。下面以佛山的生鲜水果零售连锁商——顾晟为例进行说明。

作为一家实体连锁商，顾晟向电商和手机客户端进军，践行全渠道运营战略。在它的实体门店内，每一件产品的包装上都有一个专属二维码，到店购物的消费者通过扫描二维码就可以轻松了解产品详情并下单订购。而顾晟也可以借此把消费者聚集起来并引流到线上，以便对他们进行社群维护和推送活动信息等。

此外，顾晟还利用大数据技术广泛收集消费者的消费数据，通过分析构建数据模型，为消费者提供精准的个性化服务，如新品推荐、优惠派发等。

通过对数字化门店的打造，顾晟极大地丰富了自己的营销手段，使以前的很多潜在消费者都成了自己的忠实粉丝，其旗下门店的销售额也因此增长了 20% 以上。

我再举一个利用数字化门店打造全渠道运营的案例。我们知道，丝芙兰是一家化妆品集合店，以业态独特和产品高端在业界闻名。如今，丝芙兰利用数字零售技术创造了更加差异化、个性化的门店体验。

早在 2015 年，丝芙兰就在美国推出了智能门店，但当时该店并未获得外界认可，反而被嘲讽成了一个只为吸引人眼球的噱头。毕竟在仅有自拍镜、机器人和充电桩的情况下，该店看上去根本算不上什么数字化。

但是，在 2017 年，丝芙兰打造的数字化门店就极具吸引力了。虽然该店采用的一些新技术也都在其他一些门店里或多或少地尝试使用过，但是这一次，丝芙兰将这些数字化技术完美地融合到了一起，让消费者感受到了新奇，使得路过这家店的消费者都禁不住诱惑，想要进去一探究竟。

丝芙兰的数字化门店应用了以下三个具有特色的数字化技术，如图 3-3 所示。

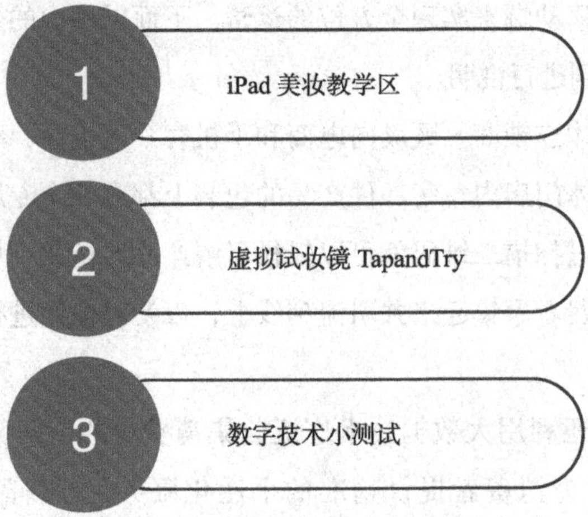

图 3-3　丝芙兰门店应用的三大数字化技术

1. iPad 美妆教学区

丝芙兰在门店里放置了十几台 iPad，消费者可以通过这些 iPad 获取最新的美妆教程，也可以得到很多定制化的美妆建议。例如，如何化一个能够讨婆婆欢心的妆容。另外，在 iPad 旁边还有一些化妆必备的工具，方便消费者体验。

进入店内试妆和选购产品的消费者如果觉得试妆的效果很好，还可以利用店内的无线网络，将这些教学视频分享给他们的朋友。这也为丝芙兰宣传了产品，推广了品牌。

此外，丝芙兰的 Color IQ 触摸屏还可以实时地为消费者选择适合她们的唇膏、粉底液等。Color IQ 会智能地分析出哪种口红或眼影的颜色更适合前来购物的消费者，满足她们的个性化需求。

2. 虚拟试妆镜 TapandTry

在丝芙兰的数字化门店中还有一款非常神奇的试妆魔镜。它是 2014 年丝芙兰与加拿大 ModiFace 公司合作，利用 AR 技术开发出的一款虚拟试妆镜。消费者在店内只需扫一下产品的条形码就可以在屏幕上看到真实的上妆效果。在虚拟试妆镜前，消费者除了可以尽情尝试三千多种口红、眼影外，还可以虚拟试戴假睫毛。

经过几年的不断改进，丝芙兰的试妆魔镜获得了消费者的一致好评，它不仅完全省去了消费者试妆的麻烦，也帮助丝芙兰节省了准备小样和化妆工具的费用。

3. 数字技术小测试

丝芙兰还将类似的技术应用到了护肤品和香水方面。

在香水方面，Fragrance IQ 香水小测试利用了丝芙兰最新研发的 InstaScent stations 装置，这种装置能让消费者通过试闻不同的香味来确定他最喜欢的那一款香水。在消费者选定了香型后，该装置就会将该香型的香水喷出来。

此外，Fragrance IQ 还可以根据消费者需求，为她们推荐最符合要求的香水。例如，“她们偏爱什么香型的香水？是花香还是果香？”“喜欢在什么场合使用香水？”等等。

丝芙兰香水营销部的副总裁布鲁克·班瓦特（Brooke Banwart）曾表示，找香水是一件很私密的事情，这个过程也需要简化，才不会让消费者在选购时感到困扰。

在护肤品方面，丝芙兰不仅推出了能根据肤质推荐护肤品的 Skincare IQ，还推出了一种可以检测皮肤湿度的面部贴片，并以此来确定消费者的皮肤类型，从而有针对性地为他们推荐合适的产品并给出合理的护肤建议。此外，丝芙兰还会定期开设一些线下美容交流课程，邀请护肤达人来为消费者解惑。

丝芙兰打造数字化门店的举措也曾招来很多非议，一些人说这些数字化工具在线上也能够体验。例如，淘宝就曾认为丝芙兰的数字化门店是多此一举。但是对于消费者而言，她们如果要在淘宝的海量店铺之间选来选去，将这几项数字化技术全部尝试一遍，会耗费多少时间和心力呢？丝芙兰利用了看似不怎么新鲜的数字化工具，在线下构建数字化门店，并将这些数字化技术全都结合在一起，让消费者的消费体验更为丰富和便利起来。

对于丝芙兰来说，推出这些数字化工具不仅能吸引消费者前来消费，增加线下线上产品的销量，还能使消费者放心地购买产品。更为可喜的是，丝芙兰通过这些数字化工具还获取到了海量而有价值的消费者信息，从中了解到消费者对产品的使用偏好，获取他们的宝贵意见，将这些意见应用到产品开发中，从而更有效地进行产品研发和营销。

如今，在打造高度数字化门店的基础上，丝芙兰还在积极地开展线上商城业务，并推出了手机 App，它的目标就是打造线下门店、线上商城、社交媒体共享互通的美妆社区。因此，数字化门店的成功也帮助丝芙兰实现了全渠道运营。

零售企业要紧跟时代的步伐，打造数字化门店，实现全渠道运营。当然，这不是为了吸引眼球而制造的华而不实的噱头，而是要让消费者真正获得良好的购物体验，让企业在市场竞争中脱颖而出，走在时代的前沿。

3.2 如何利用大数据直达消费者

顾客就是上帝，消费者需求这一要素在零售业中的地位已无须赘言，它是零售企业一切生产营销活动的出发点和依据。如今，大数据技术的成熟使企业可以更加精准地分析消费者需求，优化日常运营。那么，零售企业应该如何利用大数据直达消费者呢？其主要可以采取以下四个策略：指导消费者画像、驱动品牌形象调整、建立快速响应系统和利用 REID 技术洞察消费者。

3.2.1 指导消费者画像

在新零售时代，如何才能抓住消费者的心，似乎是每一家零售企业都要面对的问题。然而，随着消费者画像的出现和发展，这一问题得到了很好的解决。从本质上来说，消费者画像就是真实消费者的虚拟代表，即企业通过对消费者各方面信息的了解和分析，最终绘制出独具特色的消费者画像。

早期的消费者画像和个人档案信息十分相似，内容并不是特别具体，所以，画像的区分度和可用性也都比较差。不过，随着大数据分析技术的不断发展和成熟以及数据量的大幅度增长，零售企业就可以捕捉到大量的消费者行为数据，从而使消费者画像实现其真正价值。

一般情况下，比较典型的消费者画像包含的维度主要有性别、年龄、偏好、消费习惯、居住地等。当然，如果零售企业想让消费者画像更加精准的话，还可以在上述维度的基础上继续细分。细分的消费者画像示例如图 3-4 所示。

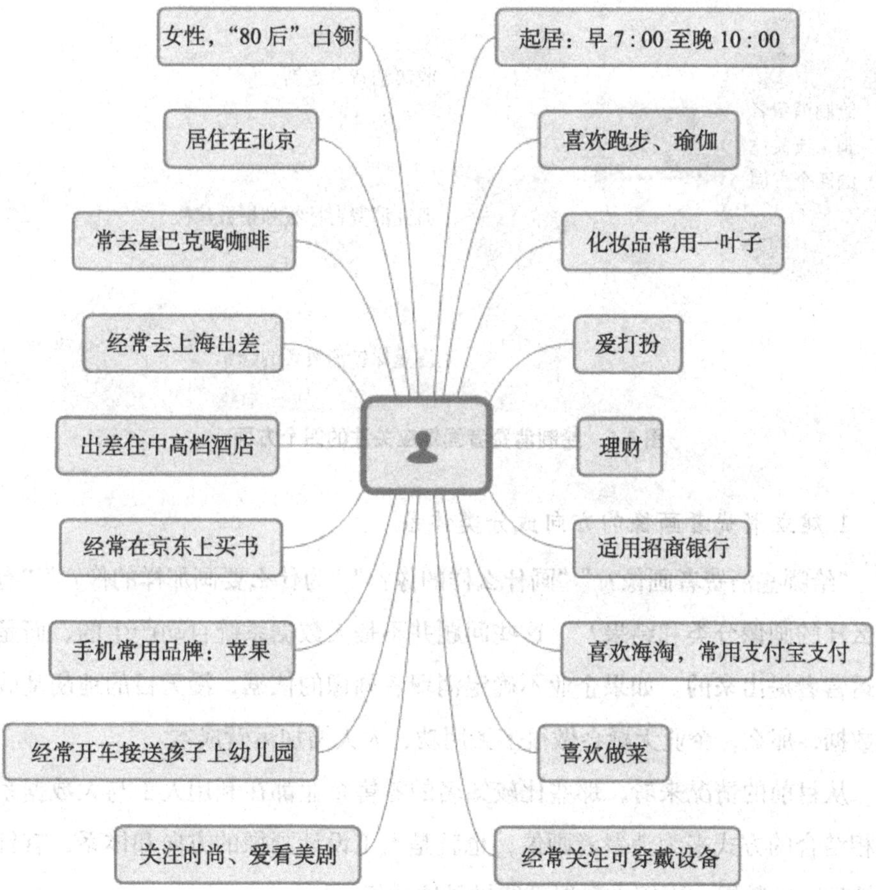

图 3-4 细分的消费者画像

我们从图 3-4 的消费者画像中可以看出，这位女性消费者的生活作息十分有规律、注重生活品质、生活方式健康、爱尝试新鲜事物，是一位小资女性。

那么，零售企业要如何绘制出像上图那样的消费者画像呢？其可以从以下四个方面着手，如图 3-5 所示。

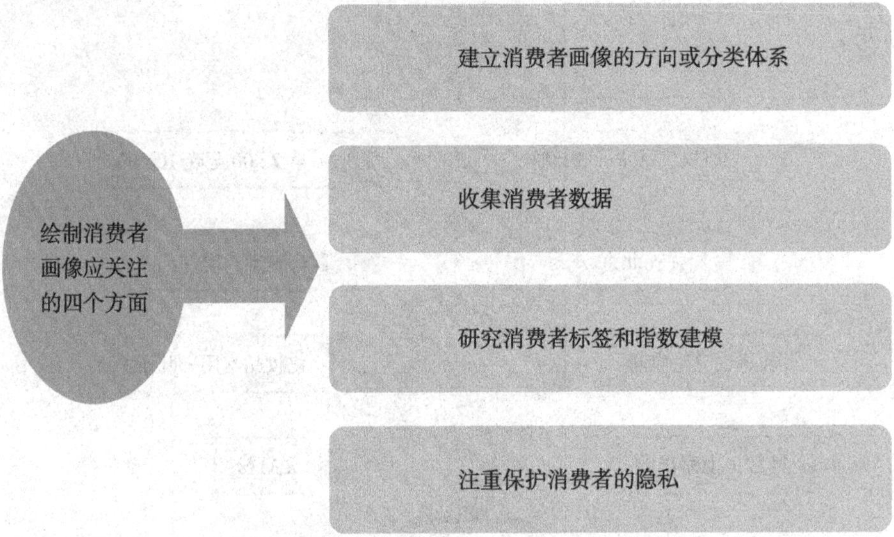

图 3-5　绘制消费者画像应关注的四个方面

1. 建立消费者画像的方向或分类体系

“给哪些消费者画像？”“画什么样的像？”“为什么要画那样的像？”“有什么样的画像分类和结果？”这些问题并不是大数据系统自动产生的，而是由运营者提出来的。如果企业不确定消费者画像的依据，漫无目的地胡乱收集数据，那么，企业无疑会做很多无用功，大大增加运营成本。

从目前的情况来看，那些比较知名的零售企业都在利用人工与大数据系统相结合的方式来为消费者画像，也就是人工设计画像的方向和体系，有针对性地获取数据，再用大数据系统做具体分析。

建立消费者画像的方向或分类体系，具有非常明显的优势。一方面，这种做法可以保证消费者画像的体系化和结构化；另一方面，也可以增强消费者画像的应用性。

2. 收集消费者数据

企业收集消费者数据的方法主要有两种。一种是企业通过与各软件厂商合作，从他们手中购买相关数据。这种方法要求企业协调各软件厂商并为他们提供数据接口，以实现数据的采集汇聚。

第二种是企业自主收集消费者的数据。这种方法要求企业的技术人员利用软件系统的底层数据交换、软件客户端和数据库之间的网络流量包，基于底层IO请求与网络分析等技术，采集目标软件产生的所有数据，再将数据转换并重新对其进行结构化排列，输出到新的数据库以供软件系统调用。这种方法的优点是无须软件公司配合，缺点是对技术要求较高。

3. 研究消费者标签和指数建模

研究消费者标签和对其进行指数建模的企业要做到两点：一是要找到有针对性的数据；二是要基于大量数据来做判断。若数据的针对性不明显或比较少，则不具有代表性，企业也无法利用这种数据来为消费者贴标签。例如，如果某零售企业的主力消费人群是音乐爱好者，它就不能根据消费者的某一次购物行为来贴标签，而是要根据购物频次、消费比例、购物时间等多方面的信息进行综合建模。

4. 注重保护消费者的隐私

企业进行消费者画像，是为了掌握消费者的需求，实现精准生产和营销，但绝不可以将其挪作他用或卖给其他行业的公司。因为消费者的画像就是消费者的隐私，出卖消费者的隐私就是出卖了消费者的利益，这样做既违反法律又违背道德，是诚信缺失的表现。

对此，工信部也做出了明确规定：企业要在征得用户授权、保障用户隐私安全不泄露的前提下，合理、合法地收集、使用用户的个人信息。因此，零售企业要用大数据为消费者画像，就须征得消费者同意，而且还要保证不泄露消费者隐私，真正做到合法合规。

在做好上述四个方面后，零售企业才可以为消费者画像，从而精准地分析出消费者的需求，为消费者提供令他们满意的产品和服务。

在建立消费者画像方面，大悦城就是一个非常典型的案例。

早在 2014 年，大悦城就开始着手打造自己的大数据系统，同时为消费者画像提供数据支持。以北京西单大悦城为例，目前该商场已经部署了 3000 多个 iBeacon 设备、近 400 个 Wi-Fi 热点，实现了区域内的全方位覆盖。商场此举的主要目的是在商家和消费者产生深度互动的同时，完成消费者轨迹监测、消费者信息采集等工作，不放过对消费者任何一个购物细节的捕捉，从而建立精确的消费者画像。此举一方面可以为大悦城的商业决策提供科学合理的量化指标，另一方面也可以帮助其对消费群体分析和品牌调整提供相关依据。

据相关数据显示，2015 年，北京西单大悦城一共记录了近 500 亿条消费者购物习惯数据，并给消费者打上了 290 多个标签。通过分析整理，大悦城将这些消费者划分为六大类型，分别为实用派、超级粉、时尚控、拜物狂、文艺范和社交客。

有了消费者画像提供的参考，大悦城的品牌更替明显加快，销售额也实现了迅猛增长。2015 年，北京西单大悦城的品牌更替完成了 20%，其销售额也增长了 12.22%。而到了 2016 年，北京西单大悦城的品牌更替更是超过了 50%。

通过大悦城的案例，我们不难看出消费者画像的重要性和强大作用。所以，各大零售企业都应该建立自己的大数据系统，收集并分析消费者数据，争取早日完成消费者画像。只有这样，零售企业才能有的放矢，赢得消费者的青睐，在新零售时代站稳脚跟，获得长远发展。

3.2.2 驱动品牌形象调整

品牌不只是一种识别标志，也是一种精神象征，更是一种价值理念。从企业的角度来看，品牌可以包括各种各样的内容，如企业名称、产品商标、特殊服务以及其他有别于同类企业的标识等。

对于零售企业而言，品牌的重要性是不言而喻的。一方面，品牌可以在很大程度上影响企业产品的定价和销量；另一方面，品牌也可以为企业的长远发展保驾护航。然而，从目前的情况来看，大多数零售企业似乎对品牌并没有给予足够的重视，这一点在企业对品牌形象的调整方面表现得尤为突出。

以往，多数零售企业更注重产品调查、消费者满意度调查、广告效果分析、消费者 U&A 研究等工作，但对品牌形象的重视程度则明显不够。有些企业对塑造品牌形象方面的工作可能一年才会开展一次，甚至间隔的时间更长。

从长远角度来看，这些企业的做法其实是不妥的。在当今时代，好的品牌形象会产生粉丝效应，会使消费者对其热衷迷恋，从而忽视了价格等其他因素。例如，苹果的 iPhone 系列手机在国内掀起的购买热潮。所以，品牌形象也是零售企业树立企业信誉，吸引消费者的一个非常重要的组成部分。

如今，大数据技术为各大零售企业抓住市场需求，调整品牌形象提供了依据和条件。

在大数据的背景下，零售企业可以广泛收集消费者的购买行为数据，通过对这些有价值数据的筛选、整合和分析，进而对当前时尚流行趋势做出科学合理的预测，有针对性地调整品牌形象。

那么，该如何从大量的数据中发掘出企业需要的信息，并弄清楚数据背后的品牌关联呢？这是每一家零售企业都应该认真思考的问题。要想解决好这一问题，零售企业就必须摒弃以往那种单向的内容研究，转而进行新背景下“内容＋关系”的多维度研究，进一步调整转化企业品牌的公关策略。在这一方面，“京东数聚汇”就是一个非常典型的案例。

京东曾对 8000 多万位消费者的生活喜好及购物习惯数据进行分析，发现了一些非常有趣的消费行为。例如，上海男性喜欢让自己的面颊保持清新干爽；江苏男性热衷于眼部护理；北京男性对香水和防脱洗发水格外青睐；东北姑娘则更愿意购买狂野性感的豹纹服装，且人均购买量已经超过了四件。

利用上述数据分析所得出的结论，京东对自己的品牌公关策略做出了相应调整。其中，最具代表性的就是在东北地区做品牌促销的时候，京东把促销重心放在了豹纹产品上，因此大受欢迎。此次品牌公关策略的调整使京东品牌得到了广泛传播，其品牌形象也有了很大的提升。当然，这些与大数据分析是分不开的。

在大数据的助力下，企业可以为消费者画出精准的画像，消费者的兴趣和需求也可以更加清晰地展示出来。这样一来，企业就可以在此基础上制定或调整品牌公关策略。而且，通过这种方式制定或调整的品牌公关策略会使品牌形象推广的精准性大大提升，不会让一些无关的甚至是骚扰信息影响到消费者的消费体验。

大数据除了可以影响企业品牌公关策略的制定或调整以外，还可以指导改进零售产品的生产，获得消费者的青睐，使企业的品牌形象得到提升。对于这一点，我们可以从联想乐檬的案例中得到印证。

联想乐檬自投放市场以来，就俘获了大量消费者的“芳心”，成了京东平台的热销产品。不仅如此，在“双 11”和“双 12”期间，其全线产品更是在各大电商平台上遭到疯抢。

联想乐檬能获得如此巨大的成功，固然是由多种因素促成的，然而其中最主要的原因是，它始终坚持从消费者的角度出发，把产品当成媒介，利用大数据技术收集消费者的反馈信息，分析消费者的喜好和习惯，认真听取消费者的意见，并把这些意见作为改进产品的重要依据，从而生产出了更多迎合消费者口味、价值理念的产品。

“终于等到你，还好没放弃。”“用了第三个联想手机了，乐檬 X3 主打的全时 HiFi 音效的确挺让人惊喜的。”“联想乐檬真的是出乎我的意料，外观美、网速快、照相清，绝对称得上是一款物美价廉的手机。”“本来没想买联想乐檬系列，但觉得联想毕竟是一个大品牌，产品质量比较有保证，于是就下了单，手机到手以后果然没让我失望。”我们从这如潮的好评中就可以看出，联想乐檬利用大数据技术改进产品，赢得了消费者的“芳心”，也让其品牌形象得到了很大提升。

正是凭借着“真的好一点”的品牌理念，并致力于为广大消费者推出真正的好产品，联想才能够在越来越激烈的手机市场竞争中站稳脚跟。据相关数据显示，仅用了一年的时间，联想乐檬就已经成为中国互联网手机品牌中成长最快的品牌之一。

由此可见，任何一家零售企业都应该紧跟大数据时代的趋势，不断调整品牌的公关策略，不断改进产品，从而提升品牌形象来俘获消费者的“芳心”。

3.2.3 建立快速响应系统

快速响应系统（Quick Response System，QRS）是一种物流管理系统。它是指零售商通过和生产厂家建立良好的伙伴关系，利用EDI等信息技术与其进行销售时点以及订货补充等经营信息的交换，用多频度、小数量配送方式连续补充产品，从而提升服务质量，减小库存量，降低产品滞销的风险，实现销售额的增长。

之前，该系统曾是大型零售商获取市场份额并进行全球竞争的有力工具。发展到今天，它已经成为各大零售企业的常规战略行为。建立快速响应系统不仅可以使零售企业用更低的成本获得更多的利润，而且还可以为消费者提供更加优质的消费体验。

既然快速响应系统有如此明显的优势，那么零售企业应该如何建立起这一系统呢？企业需要遵循以下六个步骤，如图3-6所示。

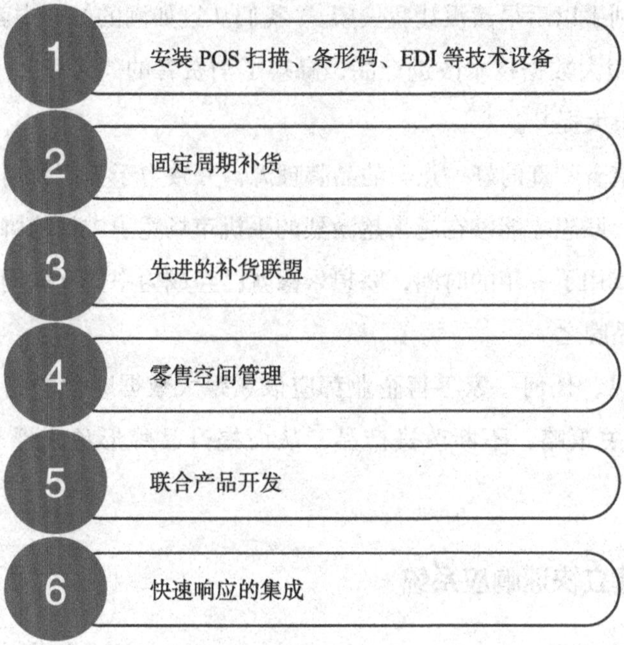

图 3-6　建立快速响应系统的六个步骤

1. 安装 POS 扫描、条形码、EDI 等技术设备

建立快速响应系统的第一步是安装 POS 扫描、条形码、EDI 等技术设备。这样做的主要目的是获取更精准的销售数据，从而保证信息沟通的正常进行。

其中，POS 扫描的主要用途是进行数据的输入和采集；条形码的主要用途是识别产品，以及快速准确地检查价格并记录交易；EDI 的主要用途是在计算机间交换商业单证。

当然，随着科技的进步，建立快速响应系统所需要安装的技术设备的数量也会越来越多，但上述三个是无论如何都不能被忽视的最基础的设备。

2. 固定周期补货

要想实现补货的快速响应，零售企业必须实行固定周期补货。一方面，企业应该对重新订购的产品进行更快更频繁的运输，以此来保证产品数量上的供给。另一方面，为了能最大限度地满足消费者需求，企业也应该为消费者提供更多种类的产品，实现产品种类上的供给。

目前，零售企业比较常用的补货系统是自动补货系统。自动补货系统要求企业根据过去和当前的销售数据及其可能的变化，对产品销量进行定期预测，同时综合参考目前的存货情况和其他因素，确定最终的订货量。由于一些基本产品的市场需求一般不会受流行趋势的影响，其销量也是可以预测的，企业在确定订货数量时往往不需要再重新考查。因此，自动补货系统的最大优势是，它可以实现基本产品销售预测的自动化。

3. 先进的补货联盟

企业建立先进的补货联盟，其主要目的是为了确保补货业务的流畅性。零售企业和零售商达成合作后就会共同检查销售数据，然后再根据这些数据制定出与未来市场需求相关的计划，或者进行相应的战略预测，从而确定生产量和库存量，以便能在保证产品供给的情况下尽可能地降低库存水平。同时，该补货联盟还可以让零售企业对零售商的存货和补货进行更好的管理，加快库存周转速度。

4. 零售空间管理

零售空间管理是指零售企业根据每个零售店铺的需求模式来规定其经营产品的种类和补货业务。一般情况下，对于零售店铺的产品种类及数量、店铺陈列、补货业务、销售人员培训和激励等重要决策，零售企业是有权并应该参与进去的。因为这不仅可以保证销售的正常进行，也可以让零售企业在第一时间获取销售信息，从而实现快速响应。

5. 联合产品开发

联合产品开发是指零售企业和其零售商共同开发新产品。因为零售企业和零售商之间并不仅仅是单纯的供货与销售的关系，而是要共同开拓市场，使产品获得消费者的青睐，所以双方就要在各方面进行合作。

采用联合产品开发，零售企业就能充分参考零售商提供的销售数据，利用自身的技术优势进行有针对性的产品开发，从而缩短产品开发的周期，使新产品的上市时间大大提前。此外，通过这种合作，零售企业还可以在零售店铺内试销新产品。

值得一提的是，采用联合产品开发的企业往往都是生产如手机、服装等更新换代周期较短产品的厂家。因这些产品的市场变化、技术革新速度都非常快，零售企业需要不断地开发新品以跟上市场发展趋势，所以联合产品开发的优势就可以在这些企业中得到更好的体现。

6. 快速响应的集成

快速响应集成是指企业通过对业务流程的重新设计，把前五个步骤和零售企业的整体业务集成起来，从而为零售企业的整体战略提供强有力的支持。

在对快速响应的各个步骤进行集成时。零售企业和零售商要联合起来，重新设计整个信息系统、组织架构、业务流程、业绩评估系统等。要尤其注意的是，每一个设计步骤的核心都必须是消费者，而不是企业的职能部门。

以上是建立快速响应系统的六个步骤，每一个步骤都以前一个步骤为基础，而且都比前一个步骤回报更高，所要投入的资金自然也要更多。

当然，对于这六个步骤的实施，企业并不一定要全部兼顾，而是要根据自身情况做好其中的一部分即可。其中，如果企业做好了快速响应的前四个步骤，那么就可以使零售商和零售企业的采购、销售、补货等流程更为顺畅，极大地提高企业的运营效率；如果企业做好了快速响应的前五个步骤，则可以使配送中心得以改进，从而满足更多批次的小运量运输要求，增加配送业务的流畅性。

当然，建立快速响应系统六个步骤的先后顺序也不是固定不变的。如果条件允许的话，零售企业可以越过前面五步，先完成最后一个步骤。但要谨记，这样做的前提是企业必须要先把整体的体系结构设计出来，只有这样，其产品补给的改进和新产品的开发才会实现最大限度的吻合。鉴于此，在建立快速响应系统、实现快速响应的过程中，企业必须要有统观全局的战略眼光。

3.2.4 利用RFID技术洞察消费者

随着零售行业竞争的不断加剧，各大零售企业都已经开始引进新技术来改善自身的生产运营条件，增强企业竞争力，而RFID技术就是其中最具代表性的一个。

RFID技术是一种非接触式的无线射频识别技术，它可以实现对目标对象的自动识别，并从中获取某些重要数据。

零售企业利用这项技术，可以了解并掌握产品在各环节的详细信息，实现产品管理的可视化和自动化，并提升库存管理的水平，为企业决策者预测市场提供相关数据，帮助其及时制订、调整生产和销售计划。

除此之外，采用RFID技术还有利于促进产品的销售。这一点也在不少案例中得到了体现。

海澜之家自2014年起就开始与厦门信达物联科技有限公司合作，开展RFID流水化读取系统的研发工作。为此，它从该公司先后引进了多项先进设备，包括挂装设备、贴标机、单检设备、不干胶标签、通道机等。一年后，这项工作顺利完成，RFID技术也正式在海澜之家的各大店铺中投入使用。这使得海澜之家成为国内第一家大规模应用RFID技术的服装零售企业。

RFID技术的应用使海澜之家发生了不少令人欣喜的变化，主要表现在其门店的工人数量减到了原来的1/3，而工作效率却提高到原来的5~14倍。这极大地降低了海澜之家的运营成本，使企业效益得到飞速增长。2015年，海澜之家与信达物联共同打造的RFID供应链体系项目，更是一举拿下了“2015‘物联之星’RFID成功应用奖”。

对此，海澜之家战略信息中心负责人华挺说：“人工操作容易出现错装、漏装、多装等情况，需要我们收货时一一核对。虽然我们对流水线上的每位工人进行了细致分工，不断简化各道工序，以提高运行效率和准确率，但一个熟练工人每秒钟也仅能扫码一到两件服装。而采用 RFID 流水化读取系统，通道机每 8 秒钟就能在不开箱的情况下读取一个标准箱中所有服装的信息，最多可一次性扫描 300 件，扫描速度和准确性达到甚至超过国际先进水平。RFID 技术所具备的信息存储和远距离信息读写功能，让我们能够更加清楚存货状态，随时掌握产品信息，未来，有望给门店营运方式带来新的变革。”

实际上，除了海澜之家以外，还有很多零售企业也成功引入了 RFID 技术，Prada 便是其中一个。

Prada 试衣间前的智能屏幕可以自动识别每件衣服上的 RFID 芯片。当识别完芯片后，屏幕就会自动播放模特穿着这件衣服走秀的视频，从而引起消费者对衣服的购买兴趣和欲望。此外，RFID 技术还能帮助 Prada 总部掌握其门店内所展示衣服的被拿取次数、消费者试穿衣服的时间、衣服的购买情况等重要信息，并对这些信息进行更深层次的分析和利用。据 Prada 总部的工作人员透露，在引入 RFID 技术以后，Prada 成功提升了消费者的购物体验，销量也因此提升了 30% 以上。

我们从海澜之家和 Prada 的案例中可以看出，RFID 技术对零售企业的生产、运营、销售等各方面都有很大的助力。对于这一点，美国英频杰股份有限公司杨华表示：“RFID 技术对零售行业特性有较强的补充性，零售企业可以利用 RFID 技术掌控产品从采购、存储、包装、装卸、运输、配送、销售到服务的各个环节的信息。”

不过，需要说明的是，RFID 技术虽然有多方面的优势，但企业要使这些优势充分发挥出来却并不容易，必须要依靠产业链上下游，包括设备商、零售商、软硬件集成商、终端用户等多方的通力合作。

随着科技竞争力的不断加强，如今，中国已经成为世界 RFID 技术的前沿阵地，是世界 RFID 技术落地最为广泛的国家之一。因此，中国零售企业在引入 RFID 技术方面具有非常显著的优势。各大零售企业均应抓住时代的机遇，顺应潮流，让 RFID 技术在自己的企业中落地生根，开花结果。

第 4 章　起于大数据，但不止于大数据

在第 3 章，我们讲述了大数据方面的内容，也了解了大数据对新零售的重要意义。但是，企业践行新零售并不只是应用大数据技术就可以实现的，还需要掌握很多其他新技术，如物联网、智能物流、3D/4D 打印等。本章将从实体技术、虚拟技术两个方面入手，帮助零售企业尽快掌握一些必备的新技术。

4.1　实体技术，让一切看得见

对于零售企业来说，目前最应该掌握并引入的实体技术有三项：物联网技术、云计算技术和智能物流技术。这三项技术的应用为新零售注入了活力，对零售企业乃至整个行业来说都具有深远的影响。从零售企业的角度来看，这三项技术可以提高零售企业的生产效率，扩大销售渠道；从零售行业的角度来看，这三项技术可以帮助零售行业实现转型升级，获得更大发展。

4.1.1 物联网技术，提升门店消费体验

顾名思义，物联网就是物物相联的互联网。它的基础仍然是互联网，但

同时又将互联网延伸和扩展到了物物之间，通过对实物的感知，直接进行信息交换和通信，也就是物物相息。物联网的出现，掀起了继计算机、互联网之后世界信息产业发展的第三次浪潮。

如今，很多零售企业都已开始应用物联网技术。一些细心的消费者在门店购物时，经常会发现店内的每件商品都有一个独一无二的编码。例如，射频芯片（以标签的形式附着在商品的外部或内部）、二维码（直接印刻在商品包装上）、近场通信（隐藏在商品内部，肉眼看不见）、数字矩阵（伴随二维码实现更高层次的应用）等。其实，这些编码正是物联网技术中用来识别物品的标签，而具有编码的商品则被称为物联网化商品或物联网消费品。

编码的作用主要体现在三个方面。其一，消费者可以通过扫码验证商品真伪，得到更多商品信息，迅速获取积分；其二，企业的工作人员也可以通过扫码掌握实时库存数据，及时召回不合格或滞销商品，跟踪分销及物流记录；其三，零售企业还可以通过消费者的扫码行为获得与其相关的重要数据，监控整个销售过程，管理造假区域，挖掘最大化利润。

相关行业专家指出，编码的出现仅是物联网变革零售行业的开始，10 年内，随着物联网技术的不断完善，消费者的购物与消费方式以及零售企业的经营销售模式必将发生翻天覆地的变化，而这种变化的具体体现便是门店消费体验的提升。

著名大数据分析机构尼尔森的研究显示：超过 31% 的消费者希望在购买产品前能够试用产品或看到更多产品信息，超过 64% 的消费者则表示线下购物渠道能带给他们无可比拟的购物乐趣。

由此可见，大多数消费者都希望在消费时能充分了解商品的信息，并获得完美的购物体验。所以，利用物联网技术来提升消费体验是每一家零售企业都应该认真探索的方向。在这方面，迪卡侬是一个非常不错的榜样。

迪卡侬是一家著名的体育用品零售企业。在它的门店中，所有商品都有一个使用无线射频识别技术的电子标签。这个标签的用途有很多，例如，消费者选择了一件运动 T 恤，在扫描商品标签以后，他就可以在手机上看到自己试穿这款T恤的样子；当消费者决定购买商品并到收银台付款时，收银员也不需要将商品一件件地扫描，而只要等待几秒钟的时间就可以把商品价格清单完整地展示给消费者。这样一来，就极大地缩短了消费者从挑选到顺利买到商品的时间，为他们带来了更加良好的消费体验。

从迪卡侬的案例中，我们可以看到物联网技术对消费者消费体验的深刻影响。针对这一情况，Embisphere公司总裁托马斯·弗雷莫（Thomas Fremaux）也给出了自己的看法。他说："作为物联网重要技术之一的射频芯片技术是自POS机系统与条形码标准诞生以来零售业最重要的创新。许多零售商，如迪卡侬，其通过射频芯片技术革命深度改善了运营：库存、退货、防盗、收银，现在正逐步实现物流数字化管理。"

物联网技术在提升消费者体验方面，已经实现了使消费者在货架前直接获取商品信息、辨别真伪、获得折扣及在社交媒体分享他的购物时刻等功能。

尽管物联网技术还处于发展完善之中，更多的体验性功能和未来延展性还有待开发，但每家零售企业都应该加强对物联网技术的重视程度，大力应用该技术提升消费者的购物体验，促进自身长远发展。

4.1.2 云计算技术帮助零售行业转型

云计算是一种基于互联网的相关服务的增加、使用、交付模式，它通过互联网来为用户提供动态易扩展的、虚拟化的资源，是互联网服务的优化升级。如今，零售行业在云计算技术的推动下也开始走上了转型升级之路。其作用主要表现在促使零售业务不断拓宽和加深上。

转型的路上难免有坎坷和荆棘，一批又一批的传统零售企业受到了冲击，甚至面临倒闭的危险。当然，更多的零售企业成功抓住了机遇，实现了长足发展，其中，大中型零售企业的表现最为突出。像谷歌、华为、亚马逊等知名企业都相继为零售企业提出了各种各样的云计算解决方案，体现了开放、协作、共享、共赢的企业精神。

这些解决方案虽各不相同，但究其根源我们不难看出，其帮助零售企业的方法都是应用云计算技术，将现实和数字世界进一步融合，使零售企业实现真正的全渠道零售，也就是要实现消费者的无缝购物。总体来说，它们的方案主要是从以下三个方面着手的，如图 4-1 所示。

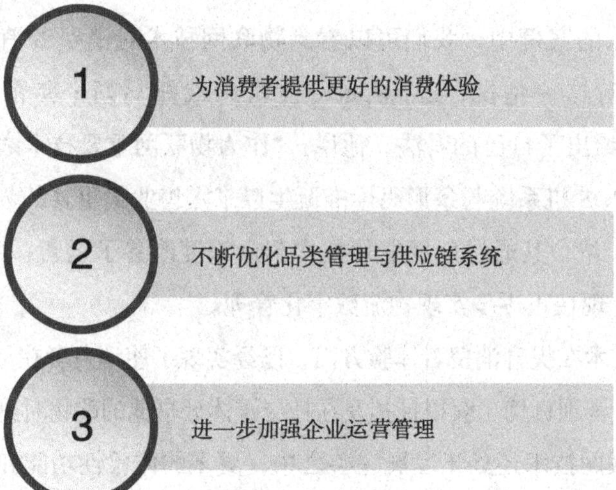

图 4-1　实现无缝购物的三个方面

1. 为消费者提供更好的消费体验

为消费者提供更好的消费体验是企业利用云计算技术实现无缝购物的目的和核心。具体地讲，企业是利用云计算技术中的弹性大数据系统来提升消费者体验的。

弹性大数据系统是由对象存储服务、弹性大数据、弹性云主机构成的。其作用包括两个方面：第一，可以分发、处理、挖掘各种数据，并让这些数据产生实际价值；第二，也可以帮助零售企业完成 360 度的消费者视图数据追踪，以及利用智慧环境对全渠道零售购买闭环数据、个性化精准营销体验数据等进行深度分析。利用这种技术，零售企业就可以将大量精准的、有价值的数据转化为直观的决策依据，不断完善自身的生产运营，从而为消费者提供更好的消费体验。

2. 不断优化品类管理与供应链系统

零售企业可以利用云计算技术来优化品类管理和供应链系统，提高企业内部各部门的协作、沟通效率。其应用云通信平台、云桌面、软件开发云，实现了办公系统的无缝切换。此外，零售企业还可以根据自身需要，在业务系统中嵌入其他软件。例如，利用一站集成式软件开发环境实现实时的音（视）频协作，以增强企业的通信能力，帮助企业提升全渠道供应链系统协作管理和全渠道品类管理的水平，最大限度地降低某些环节的成本。

3. 进一步加强企业运营管理

在软件开发云和云应用引擎服务的助力下，企业也可以进一步加强自身的运营管理。通过开发环境、项目管理、构建服务器平台、进行代码检测、配置硬件资源、明确各部门职责、测试系统性能等环节，企业可以迅速营造起良好的分支运营环境，构建完善顺畅的物流系统，从而保证绩效分析与洞察、后台业务转型、零售基础架构优化、精细化管理等工作的顺利完成。

以上是云计算解决方案帮助零售企业实现全渠道零售的三个方面。因此，企业在转型时绝不能忽视云计算技术的重要作用和意义，应与互联网企业通力合作，尽早完成转型。目前，华为、百度、腾讯等互联网企业都可以为零售企业提供云计算技术上的支持，下面以华为为例进行详细说明。

华为为零售企业提供的云计算解决方案是：利用由专属云、私有云、公有云构成的混合云来为企业助力，推动企业整套系统布局在云端上顺利运行。在IT硬件的使用上，其采用自动化弹性伸缩服务，多方面、多层次地解决虚拟环境下存在的高安全防护隐患问题。此外，混合云为企业构建的虚拟化系统也可以与华为的各种云计算产品紧密融合协作，为零售行业顺利实现转型，构建了全方位、系统化的云计算环境。

在零售行业面临空前剧变的关键时刻，华为满足了零售企业寻找安全、高效、稳定、功能丰富的综合性解决方案的需求，它所提供的云计算解决方案可以全面挖掘、深度剖析、全方位监控零售行业的发展趋势，为零售企业提供分析指导，共同创建和丰富云生态系统，从而加速推进传统零售企业向新零售转型。

术业有专攻，各大互联网企业在云计算技术上的优势是显而易见的。然而，对于大部分传统零售企业来说，独立掌握云计算技术不是一件容易的事情。所以，在这种情况下，零售企业应该寻求与诸如华为、百度、腾讯、阿里巴巴等互联网企业的合作，以保证转型的顺利进行。

4.1.3 智能物流技术让快递智能化

有不少人认为，新零售的“新”指的就是物流“新”，正是由于物流运输技术手段的不断革新，商品运输变得更加高效、便利，才使得消费者的购物更加顺畅，从而提升了购物体验。此话虽有失偏颇，但物流在新零售中的地位确实非常重要。

尽管目前物流行业正在不断进步，但仍存在一些短板。对此，富春控股集团副总裁、网赢如意仓总经理吴军旗表示：“物流行业的跟进和转变还处于被动状态，面对‘互联网 + 实体’的线上线下的有机融合，尽快补足物流体系的几个短板，变被动为主动才是零售企业的必由之路。”

那么，吴军旗提到的物流体系的短板究竟指的是什么呢？其大致体现在以下三个方面：

1. 跨区域协同性较弱，跨区域协调的物流仓配体系尚不完善；

2. 末端配送还没有进行高效整合；

3. 大多数仓配信息都存在孤岛化的弊端。

为了解决以上短板，采用科技手段是必由之路。吴军旗就曾有见地地提出：“未来 10 年，新零售将会给物流行业带来质的变化，而在这个变化下能够胜出的一定是科技型的物流企业。”

果然，短板的存在能够促使企业不断地开拓创新，一个新的名词——智能物流进入了我们的视野。智能物流技术利用集成智能化技术，使物流拥有思维、感知、学习、自行解决问题的能力，从而实现物流运输的自动化运作和管理的优化，提高服务水平和效率，降低企业成本，实现更合理的资源配置。

那么，物流企业应该如何利用智能物流技术改进短板呢？其具体应该从三个方面着手，如图 4-2 所示。

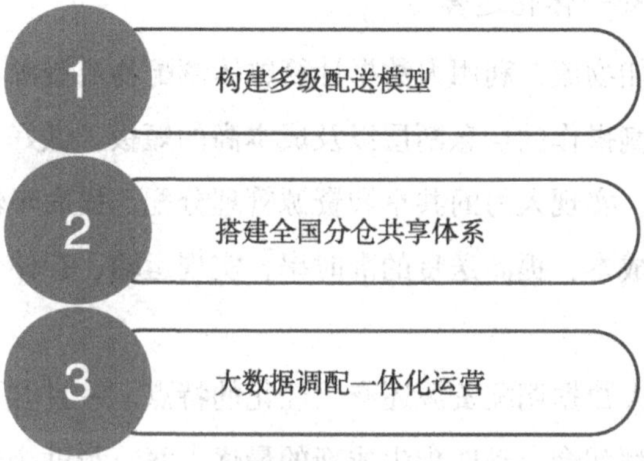

图 4-2 完善物流体系的三个方面

1. 构建多级配送模型

物流企业一般都拥有一套完整的配送体系，其中包括干线运输、快递、落地配以及城配等。那么，为了提高运输效率，有效缩短运输里程，企业就必须综合考虑多方面因素，构建一整套合理的多级配送模型。

由于运单量极大，目的地繁多，构建这种多级配送模型往往是一项极其烦琐复杂的工程。如今利用智能物流技术中的 GIS 技术就可以轻松解决这一难点。

GIS 可以帮助企业对订单信息、网点信息、送货信息、车辆信息、客户信息等数据进行统一管理，实现网点的合理布局及送货路线的统筹规划，从而快速构建出多级配送模型，全面提升整车到达率、整箱到达率、整单到达率等物流指标。

2. 搭建全国分仓共享体系

搭建全国分仓体系是指物流企业利用智能物流中的大数据技术，来实现线上库存与线下库存的共享和统一调配。企业在建立这种网络分仓体系后，系统就会根据客户的收货地址自动为企业推荐最适合的发货仓。这样的做法不仅能有效减轻单仓集中发货的压力，使订单时效更快，成本更低，而且还能实现不同渠道库存的共享，降低库存占用率。

3. 大数据调配一体化运营

企业打造智能物流，利用大数据计算整体调配物流资源，可以弥补物流中将仓储配送分割操作的信息断层以及成本高的短板，做好运输安排，制订装车和运输计划，实现人力的共享和资源管理分配，提高车辆装载率和运输效率，节约运输成本，提高送货的准时率，实现运输、存储、包装、装卸一体化运营。

此外，采用大数据调配资源还有柔性化的特点，一旦客户需求变量发生变化，其数据模型就会自动匹配生成新的最优方案，帮助企业根据自身的仓储体系，以最快的速度进行重新调拨。

如果将物流看作是新零售的发动机，那么，智能物流技术就是物流的润滑剂。所以，物流企业要想更好地发展，跟上新零售的步伐，就必须引进智能物流技术，弥补自身的短板，给消费者带去更好的体验。

4.2 虚拟技术增强沉浸感

除了实体技术以外，虚拟技术也是促进零售企业发展的一大法宝。一般来讲，比较常见的虚拟技术有两种：3D/4D 打印技术和 AR/VR 技术。

3D/4D 打印技术可以帮助零售企业改变产品的生产方式，提高生产效率；而 AR/VR 技术则可以提升消费者的消费体验，帮助零售企业赢得更多消费者的青睐。

4.2.1 3D/4D 打印技术改变产品的生产方式

3D/4D 打印技术是一种能让材料快速成型的革命性新技术。其中，3D 打印以数字模型文件为基础，通过逐层打印的方式来生产产品；而 4D 打印则要比 3D 打印更加高级，其在没有打印机器和机电设备的情况下也可以让材料快速成型，使产品按照之前的设计自动折叠成相应的形状。这项技术可以从根本上改进产品的生产方式，极大地提高企业的生产效率。

如今，科技的发展日新月异，大多数人可能对3D/4D打印技术并不陌生。对于零售企业来说，这项技术也早已经被广泛应用到产品的生产过程中了。例如，维多利亚的秘密采用 3D 打印技术生产服装、阿迪达斯采用 3D 打印技术制作跑鞋等。下面以阿迪达斯为例进行详细说明。

早在 2016 年底，阿迪达斯就已经尝试生产了几百双用 3D 打印技术制作鞋底的运动鞋。虽然这些运动鞋的售价高达 333 美元，可一经上市就在很短的时间内被一抢而空。阿迪达斯也因此获得了非常丰厚的利润。

尝到了甜头后，2017 年，阿迪达斯又再接再厉，引进 4D 打印技术，生产出了 5000 双“Futurecraft 4D（未来工艺 4D）”运动鞋，同样获得了良好的收益。另外，据阿迪达斯内部员工透露，在 4D 打印技术的助力下，阿迪达斯在 2018 年有望卖出 10 万双 4D 打印的运动鞋。

阿迪达斯在运用 3D/4D 打印技术助力自身产品生产的道路上不断前行。我们走进一家阿迪达斯旗下的快闪店就会发现，该店销售的卫衣全是通过定制化生产出来的，只需 4 个小时就能产出成品。我们如果想买一双“Futurecraft 4D（未来工艺 4D）”运动鞋，只需要让店内的工作人员扫描我们的脚，确定好脚的尺寸后再等上 20 分钟，就能拿到其用 4D 打印技术为我们现场量身定做的成品鞋。

除了用 3D/4D 打印技术进行产品生产以外，阿迪达斯还针对这项技术进行了一系列的品牌推广营销。它在自己原有的品牌效应的基础上，又投入巨资不遗余力地宣传，打造 4D 打印的科技噱头，成功吸引了大批好奇心强并渴望体验新鲜事物的年轻人。

4D 打印噱头 + 品牌效应 + 巨资宣传的营销手段为阿迪达斯推广产品和树立品牌形象发挥了巨大作用。通过阿迪达斯的案例我们可以看出，零售企业不仅要掌握相应的技术来提高生产效率，还要学会以新科技作为噱头进行品牌营销，从而吸引更多的消费者，获得更加丰厚的利润。

总之，3D/4D 打印技术为零售企业的生产营销助益良多，零售企业应根据自身情况，充分利用这种技术创新为自己带来红利，并为企业发展打开新的局面。

4.2.2 AR/VR 技术改变消费者的消费体验

AR 技术是在现实影像的基础上叠加虚拟图像，使虚拟图像和现实世界进行互动，达到增强现实世界的目的。VR 技术是在计算机上生成一个三维空间，利用听觉、视觉、触觉等感官虚拟，令使用者产生身临其境的感觉，达到虚拟现实世界的目的。

近几年，很多零售企业都开始把 AR 和 VR 技术作为一种高科技的营销手段，用来提升消费者的购物体验，从而为其招揽更多的生意。

针对这两项技术，一些专家认为，AR 技术更适合改善消费者的购物体验，而 VR 技术则更适合辅助零售商进行销售的规划设计。其实这种观点是很有道理的，下面先来说说 AR 技术是如何改变消费者购物体验的，其主要体现在三个方面，如图 4-3 所示。

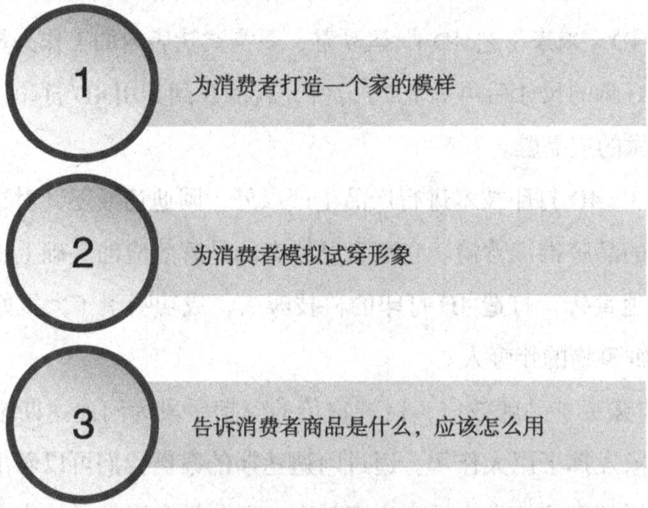

图 4-3　AR 技术改变消费者体验的三个方面

1. 为消费者打造一个家的模样

在家具销售上应用AR技术，可以为消费者打造一个家的模样。一般来说，消费者在购买家具的时候，都会考虑这款家具是否与自己家中陈设的总体格调相符，应该放在家中的哪一个位置。如果单凭自己想象，他可能难以做出购买的决定。而AR技术就可以为消费者还原一个家的环境，使他能直观地看到新家具放在家中的真实效果，从而做出选择。

在这一方面，宜家（IKEA）和Wayfair家居电商就做得非常不错，它们都引入了AR技术为消费者模拟家具摆放的真实场景，使消费体验得到了极大的提升。

2. 为消费者模拟试穿形象

AR技术在服装销售上的应用，可以为消费者模拟穿上衣服的模样。一般来说，消费者在购买衣服的时候，最先想到的是“我穿上这件衣服后，会是什么样子？”而AR技术让消费者通过屏幕就可以看到自己穿上这件衣服的样子，省去了换衣的环节，缩短了购物时间，获得了更好的消费体验。与此类似，化妆品、配饰、鞋帽等商品的零售商也可以利用AR技术，让消费者获得提前虚拟试用的购物体验。

例如，曼马库斯百货为消费者提供了一面嵌有AR技术的“智能魔镜”。消费者先选中一件衣服，然后站在这面魔镜前，就可以立刻看到自己穿着这件衣服的样子。如果不中意，他还可以让魔镜更换其他衣服，进行反复比较，最终选出自己最喜欢的一件，从而节省大量的换衣时间，提升购物体验。据相关信息显示，在引入AR技术以后，曼马库斯百货的服装销售业绩有了很大提升。

3. 告诉消费者商品是什么，应该怎么用

AR技术在饮食、工具类商品销售上应用，是告诉消费者商品是什么，应该怎么用。消费者在购买工具类商品时，通常都会非常关注这件商品的实用性，包括它的用法和使用范围等。零售企业采用AR技术就可以使消费者

更直观地了解产品，从而大大增加了购买的可能性。例如，让消费者用手机扫描商品码，查看商品的详细信息并了解其用法等。

在星巴克上海烘焙工坊中，消费者只需用淘宝 App 扫描相应的二维码，就可以看到星巴克利用 AR 技术为其展示的咖啡烘焙、生产、煮制全过程，并感受到星巴克工坊中的每一处细节。对此，星巴克的相关负责人表示："我们希望能够通过 AR 这种新互动形式，让年轻人重新了解和体验咖啡文化。"

VR 技术能够很好地辅助零售商开展业务，其作用主要体现在以下两个方面。

1. 帮助零售商设计店铺

以往，对于零售商而言，店内布局设计是一件非常棘手的事情，因为设计者无法对自己所设计的布局进行直观立体的呈现，更不能展示这种设计所产生的效果。然而，利用 VR 技术打造的三维虚拟空间使零售商成功实现了店铺设计的可视化，也实现了消费者流动线路的可视化，使其可以更加轻易地完善自己的设计方案，顺利地完成 A/B 测试。

2. 帮助零售商分析虚拟体验

对于零售商来说，应用 VR 技术还可以对虚拟体验进行分析。具体地讲，应用 VR 技术，管理者只需要坐在办公室里，就可以完成"虚拟巡店"工作，同时还能实时掌握商品的销售情况。

对于 AR 和 VR 这两项技术，互联网商业顾问叶志荣认为，在提升消费者体验方面，VR 是一种过渡技术，因为 VR 对空间以及设备的要求很高，而且普通消费者长时间佩戴 VR 眼镜还会产生眩晕感，他们可能不会买账。未来，AR 技术才可能是影响新零售消费的主导技术。

不过，即便如此，VR 技术对改善零售企业运营还是大有裨益的，因此，无论是 AR 技术还是 VR 技术，对企业来说都很重要。零售企业和零售商还是要根据自身情况实现两者兼顾。

运营篇

如何玩转新零售

第5章 四步打造新零售爆品

新零售时代，每一家零售企业都希望能够打造出属于自己的爆品。然而，真正成功的却凤毛麟角。它们失败的原因固然是多方面的，但没有掌握好打造爆品的方法和步骤是其中最关键的因素。本章将具体介绍打造新零售爆品的四个步骤：品类选择、社群运营、产品生产及产品流通。

5.1 品类选择：打造爆款产品

打造新零售爆品的第一步是品类选择，这是至关重要的一步，也是后续所有步骤的基础。因为如果品类选择不合理，产品就不能迎合市场需求，即便企业的营销工作做得再好，也会前功尽弃。相反，如果品类选择合理，后面的工作就会锦上添花，为零售企业带来更丰厚的利润。

5.1.1 转型新零售，先做好产品定位

对于想要转型的零售企业来说，首要任务就是要做好产品定位。如果这项任务完成不好，就会对企业转型造成严重的影响。在进行产品定位之前，零售企业必须先认真考虑以下五个问题：

1. 产品要满足哪些消费群体的需求？
2. 这些消费者都有什么样的需求？
3. 产品是不是能够满足这些消费者的需求？
4. 如何找到需求与供给的独特结合点？
5. 如何才能有效地满足目标消费者的需求？

零售企业要想找准产品定位，除了要考虑好上述五个问题以外，还要充分了解消费者及其需求特征。也就是说，做好产品定位的必要前提是对产品的目标消费者进行精准定位，并掌握他们的核心需求。

从宏观的角度来讲，产品定位的内容应该包括以下三项：

1. 对产品的市场和目标消费者进行定位；
2. 明确产品的核心功能；
3. 明确产品的商业模式。

如果从微观的角度来讲，产品定位的内容应该包括以下五项：

1. 对产品的功能属性进行定位；
2. 对产品的卖点进行定位；
3. 对产品的品牌属性进行定位；
4. 对产品的外形和包装进行定位；
5. 对产品的基本营销策略进行定位。

在了解上述几方面的要点之后，零售企业就可以着手开展产品定位工作了。不过，为了保证产品定位足够精准，企业最好还要按照以下步骤进行产品定位，如图 5-1 所示。

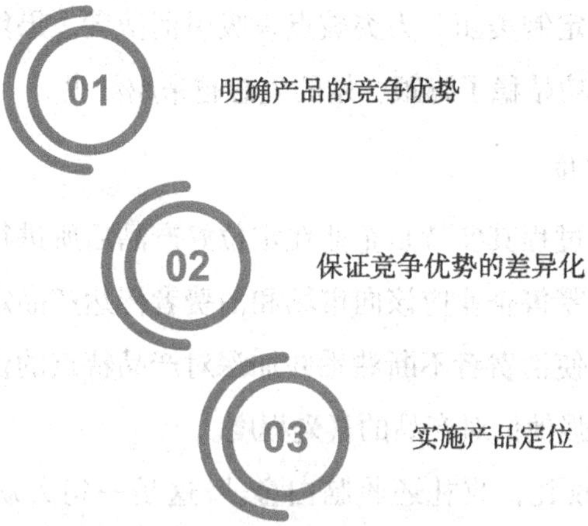

图 5-1　产品定位的三大步骤

1. 明确产品的竞争优势

要想明确产品的竞争优势，零售企业就应该对市场环境、企业产品本体、消费者群体等进行深入分析：要认清市场格局、每个竞争对手的市场份额和产品自身的优缺点；要认清自身情况、自身产品的特点和优势；要认清消费者群体的购买喜好、购物习惯和购物倾向等。只有全面、详尽地掌握各种信息，企业才能做到知己知彼，满足消费者需求，并在此基础上更好地研发产品，将产品的竞争优势最大限度地体现出来，以赢得市场的肯定和消费者的好评。

2. 保证竞争优势的差异化

如果说明确产品竞争优势是企业对市场的分析和预判，那么，保证竞争优势的差异化就是企业对经营策略的具体实施。其具体做法是，企业在进行产品定位时要从自身在市场竞争中的优势点切入，围绕这个优势点做差异化分析，在自身产品中打造其他同类产品所不具有的优势，并不断地对该优势进行巩固和强化。

例如，某电商小白经营服装销售业务，面对众多服装商家的激烈竞争，生存下去都是一个难题。经过一段时间的市场调研，小白敏锐地发现店铺内大码宽松的衣服比较好卖。于是，她开始针对这种情况主打“肥胖”款服装，以“为胖女人定制美丽”为突破点来吸引消费者，果然收到了奇效。此举让她的服装店成功站稳了脚跟，她的生意越来越红火。

3. 实施产品定位

实施产品定位过程其实就是企业在定位好产品后所进行的战略推广营销阶段。在此阶段，零售企业应该向市场和消费者传达产品定位的信息，通过大量的广告宣传，使消费者不断熟悉并加深对产品特点的认知，进而形成固化的印象，逐渐加强他们对产品的喜爱程度。

“今年过节不收礼，收礼还收脑白金。”这是一句大众耳熟能详的广告语，虽然语言看似普通平淡，但从它开始出现在电视屏幕上直到今天已历经10多年时间，却依然家喻户晓，让每一个人都牢牢记住了脑白金这个品牌。那么，为什么这句普通的广告语能如此深入人心？这背后是企业通过对市场的精准分析，实施了最准确、最能抓住人心的产品定位营销。

众所周知，脑白金是一种保健产品，它的主要消费人群是50岁以上的中老年人。而保健产品的显著特征就是只有保健功能，但并不能治病，因此不是消费者日常生活的必需品。

一般来说，普通消费者购买这样的保健品，都是为了送给父母、亲人作礼品的。那么，人们又会在什么时候送礼呢？自然就是在过年期间。过年时，年轻人回家往往都会为父母带一些礼品，以表孝心。这样一来，脑白金的用户群体、目标消费者、产品使用场景就已经全部被分析出来了。产品有了明确的定位，这样一句广告语也就呼之欲出了。

“今年过节不收礼，收礼还收脑白金”是对脑白金产品定位的高度浓缩。脑白金公司将其作为广告语在电视和网络上反复播放，让消费者不断接触、认知、熟悉其产品，加深印象，久而久之，就使品牌深入人心。实践证明，在如此精准的定位下，脑白金确实深受消费者喜爱，也成了人们逢年过节的送礼佳品。

对于广大零售企业来说，进行成功的产品定位可以使自己的产品迎合市场需求，受到广大消费者的喜爱，这同时也是确保企业转型成功的必要条件。

5.1.2 切割品类，制造爆品

做好产品定位以后，企业就可以进行切割品类的工作，通俗地说，也就是选择所要销售的产品类型。对于各大零售企业来说，选择产品类型的过程也是判断自身商业逻辑是否合理的过程。如果商业逻辑不合理，那么实行起来就会困难重重，进而对产品的销售产生不利影响，制造爆品就更无从谈起。因此，要想让自己的产品成为爆品，零售企业就必须选好产品类型。

然而，选好产品类型并不是一件简单的事情，它要求企业从四个方面着手，如图 5-2 所示。

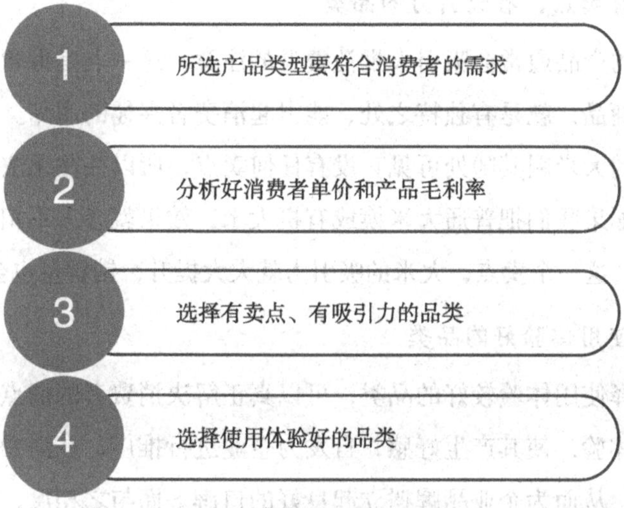

图 5-2 选好产品类型的四个方面

1. 所选产品类型要符合消费者的需求

企业在选择产品类型时要充分考虑消费者的需求。对于那些没有特殊消费人群资源的企业或个人来说，在选择产品类型时最好优先考虑日常消耗品。因为对于日常消耗品而言，消费者通常会重复购买；而那些比较冷门的商品对于大多数消费者来说可能根本用不上，更不要说重复购买了。所以，一般情况下，选择日常消耗品进行销售是提升消费者回购率的一个绝佳手段。相对于寻找新的消费者，此举要省时省力得多。

从目前的情况来看，化妆品、日化类产品、衣服鞋帽、干货特产（尽量选择生鲜和保质期长的）、婴幼产品、保健产品等都是不错的选择。

2. 分析好消费者单价和产品毛利率

企业应通过对市场需求的分析，把握好产品单价和毛利率的关系。据相关调查显示，对于产品单价来说，均价在 50~200 元的产品比较容易销售。如果价格再高，消费者在做消费决策时就不会太过随意。从毛利率的角度来看，毛利率在 30% 以上的产品通常会有助于企业获得较大的盈利。所以，企业应该在保证毛利率的前提下选择更合理的价格，以促进销售，达到利润的最大化。

3. 选择有卖点、有吸引力的品类

有卖点的产品通常会吸引大批消费者的注意，这一点是毋庸置疑的。所谓有卖点的商品，就是有独特之处、能引起消费者兴趣的商品。以销售大米为例，普通的大米因其随处可见，没有任何卖点，所以往往无法吸引消费者的眼球。而如果我们把普通大米换成有机大米，效果就会大不相同。正因为多了“有机”这一个卖点，大米的吸引力就大大提升，销售量也会大增。

4. 选择使用体验好的品类

企业选择使用体验较好的品类，可以真正解决消费者的痛点，为消费者带来良好的体验，使其产生好感，自发为企业进行推广，在消费者中间形成良性的循环，从而为企业品牌树立起良好的口碑。而与之相反，有些企业对其产品大肆吹捧、包装，将价格也定得特别高，但产品的实际体验效果却达不到消费者的预期。这样，企业不仅打造不出爆款产品，还会使消费者对品牌产生不好的印象，降低品牌的口碑。

上述四个要点是零售企业在选择产品类型、制造爆款时要格外注意的。下面以信良记打造爆品小龙虾为例，进行具体分析。

信良记是一家知名餐馆，它快速地把小龙虾打造成了“国民消夜”。在产品类型的选择上，信良记为什么要选小龙虾作为要打造的爆品呢？因为小龙虾具备以下优点：第一，小龙虾营养丰富，口感好，能满足“吃货”们的需求；第二，小龙虾属于生鲜类食品，利润较高；第三，与普通的家常菜相比，小龙虾显然档次更高，更具卖点，是朋友聚会的很好选择；第四，小龙虾可以被用来做成各种花样翻新的菜色，极大地提升消费者的体验。

我们通过对上述优点的分析不难看出，小龙虾完全满足爆品的四个要点。所以，信良记推出小龙虾这一爆品是极有眼光的。

在爆品的打造上，信良记开发出了七款小龙虾菜色，分别是基础鲜香小龙虾、麻辣小龙虾、蒜香小龙虾、小龙虾火锅、龙凤煲、美颜煲、鱿鱼龙虾煲。其中，前四款产品可以满足大多数消费者的口味，而后三款产品则以创意取胜，这就充分迎合了不同层次消费者的需求。所以，信良记能成功打造小龙虾并不是偶然的，而是其在产品类型的选择上独具慧眼、用心打造爆品的结果。

对于初创的零售企业来说，爆品具有切割市场的强大作用。而对于成熟的零售企业来说，爆品则有为企业保驾护航的作用。可见，打造出一款属于自己的爆品是每家零售企业都应该追求的目标。

5.1.3 孵化多元零售新形态与新物种

2017年3月9日，“2017中国电商与零售创新国际峰会”在上海正式召开。在此次大会上，阿里研究院发布了《新零售研究报告》(以下简称《报告》)。《报告》指出，新零售具备三大特征，分别是“以心为本”“零售二重性”和“零售物种大爆发”。

对于“零售物种大爆发”这个特征，《报告》给出了这样的解释：“零售物种大爆发”是指多元零售新形态、新物种会大量孵化出来。借助DT技术，物流业、大文化娱乐业、餐饮业等多元化行业均会延伸出零售形态。更多零售物种即将孵化产生，包括自然人零售，甚至“人人零售”。我们可以由此看出，未来零售形态的触角会向更多领域延伸，并且会孵化出越来越多的交易主体，而这一发展趋势也会为爆品的打造提供更加广阔的空间。

对于零售企业来说，要想成功打造出爆品，孵化多元零售新形态与新物种不失为一个有效的途径。

超级物种是永辉旗下的生鲜超市，目前在国内有多家门店，它最大的特点就是实现了多元化经营。消费者进入超级物种后，不仅可以买到种类多到令人眼花缭乱的新鲜食材，还可以品尝到厨师现场烹饪的美味佳肴。

从某种角度上讲，超级物种已经超出了普通超市的范畴，而将触角伸向了更广阔的领域。例如，其开设了“鲑鱼工坊”“麦子工坊”“盒牛工坊”等。其中，“鲑鱼工坊”是永辉孵化的一个以餐饮为主的自营品牌；“麦子工坊”是独具特色的烘焙店；“盒牛工坊”则是以牛肉为主打产品的超市餐厅一体店，该店凭借着极高的性价比获得了广大消费者的青睐。超级物种孵化出多元的零售形态在每一个业态都独具特色，打造出了属于自己的爆品，这也为其带来了丰厚的利润。

近年来，超级物种得到了迅猛发展。仅 2017 年一年间，它就在全国开设了 17 家门店。未来，它扩张的脚步依旧不会停止。对于超级物种来说，零售行业的每一个角落都可以成为它的试验场。而这正是新零售时代所需要的精神，也是值得其他零售企业学习和借鉴的地方。

近几年，无论是实体龙头，还是电商霸主，都希望能在零售新业态上推陈出新。实际上，如果仔细分析他们的做法，我们就会发现其中有很多相似之处。例如，通过不断迭代使商业逻辑变得更加完整。

盒马鲜生是阿里巴巴旗下的一家生鲜超市。其实，阿里巴巴作为电商巨头，投资线下打造实体店，本身也是一种孵化多元零售业态的尝试。它打造的盒马鲜生具有超市 + 外送 + 菜市场 + 餐饮四种功能，形成了一个多元化的零售业态。而正是这种“四不像”的零售业态加上其线上线下的融合和移动支付技术的支撑，使盒马鲜生在很短的时间内就实现了单店盈利，近年来更是获得了高速发展。

如今，新零售的出现促使企业的营销理念发生了巨大变革，越来越多的多元零售新形态与新物种被孵化出来，同时也出现了大批“摸着石头过河”的先行者。巨大的新兴市场已经初露端倪，广大零售企业不应因惧怕风险就徘徊不前，而是要像超级物种、盒马鲜生那样勇于实践，尽快摸索出适合自己的新零售模式，打造出令消费者喜爱的爆款产品，进而成功抢占市场，获得高速发展。

5.2 社群运营：垂直化、小众化

如今，社群已无处不在，它将处于不同地点、具有相同爱好的人聚集在一起，相互分享交流心得，拉近了彼此的距离，成为人们生活的一部分。Facebook 创始人扎克伯格就曾说："未来 10 年，Facebook 要做的是把'连接世界'变成'构建社群，拉近世界'。"

新零售时代，企业的营销手段会变得丰富多样，而社群能聚集大量具有相同类型特点的人群，这就使其成了营销最理想的媒介和平台。那么，零售企业该如何利用社群进行营销呢？就是要实现营销的垂直化、小众化。

5.2.1 锁定消费群体，聚焦专注度

无论是过去的传统零售，还是当下的新零售，都需要对消费者进行精准定位，尤其是对于风头正劲的新零售来说，企业更要把"精准"二字提升到一个更高的层次。在通常情况下，新零售中的"精准"主要包括三方面的内容：精准定位消费群体、精准定位消费群体的消费场景需求，以及为消费群体精准推送商品和服务。

在上述三个内容之中，对消费群体做精准定位是最基础、最重要的。因此，企业在对消费者进行精准定位时，应该根据自己产品的特色和目标受众的喜好尽快锁定目标消费群体，并对其进行长期的维护，不断调动他们的积极性，使他们最终成为自己的忠实用户和粉丝。

为了实现这一点，建立社群便是最有效的方式。对于商家来说，社群的经营可以实现与消费者最近、最直接的连接，是一种经济适用式的营销方式。经营社群已经成为变革营销模式的有效途径。

如今，社群的形式有很多种，包括微信群、微博、头条号、公众号、贴

吧、直播等。企业可以充分利用这些途径，结合自身的实际情况，认真分析消费群体的心理，精准把握他们的需求和购买倾向，实现有针对性的社群营销。在这一方面，应用微信进行营销的“罗辑思维”就进行了一次成功的尝试。

“罗辑思维”将自己的用户定位为“85后”“爱读书的人”，社群的中心人物就是创始人罗振宇。罗振宇一直在进行自我营销，吸引爱读书的人进入他的社群。被这种理念吸引而来的用户通常会有共同的价值观和兴趣爱好，也热爱书籍等知识类的产品。

“罗辑思维”社群营销的关键就是培养用户共同的习惯，目的是使进入社群的用户感受到他所处的群体中都是与他性情相投的人。其采取的主要手段就是固定在每天早上6：20发送语音消息，培养用户阅读的习惯。而且，创始人罗振宇也不断地在节目、论坛、演讲中将自己关于读书的价值观传递给社群内的每个用户，巩固和强化用户的学习习惯。

此外，“罗辑思维”还不断加强用户的线下互动。它举办了很多线下活动，如“爱与抱抱”“霸王餐”游戏等，增加了成员间的互动，深化了成员间的感情，使他们的联系更紧密。

“罗辑思维”所塑造的价值观富有感召力，增强了社群内成员的黏性。它又通过销售符合社群调性的产品，获得了巨大的经济回报。“罗辑思维”的社群经营是基于一种学习的成长型理念，这是很多企业可以借鉴的地方。其他企业也可以根据自己的理念创设出符合自身品牌的社群，并通过社群锁定消费群体，聚焦消费者的消费理念和关注点，对他们加以适当的引导，使他们成为自己的忠实顾客和粉丝。

5.2.2 为小众人群服务

众所周知，当今是彰显个性的时代，每个年轻人都有突出自我和展现自己独特风格的欲望，而由此引发的消费需求必定会催生出相应的小众化的服务。

阿里巴巴提供的相关数据显示，消费者的消费理念正在向年轻化、健康、小众、多元化、高品质的方向发展。其中，小众化的消费很可能会形成一股潮流，改变人们以往的消费方式。对此，一些新零售大咖已经进行了大胆预测：小众化是新零售未来发展的一大趋势。

因此，为了顺应这一发展趋势，各大零售企业的当务之急就是对小众人群的需求进行深度挖掘，加强商品的独特性和设计感，进而为自己创造更加广阔的发展空间。那么，在这种情况下，零售企业该如何为小众人群服务呢？社群就是一个非常好的媒介。因为一个社群通常聚集了一批具有相同价值观和相似兴趣爱好的人，与社群外的人相比，他们往往是独特的、有个性的，而这些人正是零售企业寻找的小众人群。零售企业以社群为纽带，就能把适合自己产品的小众人群聚集起来，并有针对性地向他们提供服务。

在大多数人心中，龟粮并不是一个主流商品，其销售业务也会面临很多限制因素。但是，某龟粮零售企业的创始人小A就抓住了新零售和社群这两根救命稻草，将自己的龟粮生意做得风生水起。

据小A透露，因为龟粮本身就是一款小众产品，它面对的只是养龟的人群，所以在刚开始销售龟粮的时候，店铺生意惨淡，顾客寥寥，几近倒闭。后来经过一番思考，小A认为，如果单纯等待消费者光顾，很难吸引消费者的注意，必须把养龟人群聚集在一起，才能将龟粮更好地推销出去。于是，小A就利用社群这一渠道聚集了一批养龟爱好者。那么，他具体是怎样做的呢？

第一步，小A在论坛、贴吧以及微博等平台上分享各种各样的养龟知识，并靠着这些知识吸引了第一批养龟爱好者。

第二步，在有了粉丝基础后，小A又开设了一个微信公众号，成功将这些粉丝聚集到自己的公众号中。

第三步，通过大力地宣传、推广以及粉丝的推荐，公众号的粉丝数量越来越多，没过多久就已经超过了5万名。对于如此小众的养龟爱好来说，这样的人群数量已经颇为可观了。而正是凭借这5万多名粉丝，小A成功销售出了大量龟粮产品，获得了非常丰厚的收益。

第四步，小A没有就此满足，而是继续扩大社群宣传，打造出了一款App，再次获得了成功。在没有过多推广的情况下，该App就已经获得了几万次的下载量。

我们从小 A 的案例中可以看出，零售企业要想更好地为小众人群服务，就要先把这类人群聚集在一起，而构建社群是最佳途径。目前，有四种途径可以聚集小众人群，分别是贴吧、微博、微信公众号和 App。零售企业应根据自身情况，灵活运用各类渠道来开展适合自己的社群营销。

5.2.3 利用爆点深度经营粉丝

粉丝是一群对有影响力的事物或明星保持长期关注的爱好者、崇拜者和追随者。这类人群更感性，他们往往会对自己崇拜的事物给予无条件的支持、信赖，甚至会包容对方的过失；他们在购买自己钟爱的商品时大多出于一种情感、情怀上的寄托，而不会计较它本身品质的好坏、价格的高低。毫无疑问，如果一家企业或一个品牌拥有了一群属于自己的粉丝，那么它必会取得巨大的成功。所以，零售企业就该利用一切能利用的途径、爆点来深度经营粉丝，实现情感营销。

情感营销是最高层次的营销，因为培养人与人之间的感情是一件极其复杂的长期工作，需要不断地积累沉淀，从不会一蹴而就。所以，零售企业在积累粉丝时绝不能操之过急。

南京有一对年轻夫妇创业开网店，他们在最初的阶段也遇到了很多挫折坎坷。由于宣传不到位，他们的网店在很长一段时间内没有收益，顾客寥寥。但是，他们并没有被困难吓倒，仍然每天都坚持把工作、生活中的点点滴滴写成文章，并通过微信分享给每一位客户。就这样经历了长期的沉淀和积累，他们的微信中聚集了大量粉丝，而这些粉丝都成了他们的忠实顾客。数年后，这对夫妇已经积累了数以万计的粉丝，生意也迅速扩大。现在，他们已经开了 20 多家连锁店铺，打造出了在南京当地小有名气的连锁品牌。

零售企业在前期要耐心培养粉丝。但是，在拥有一定数量的粉丝后，零售企业如就此不用心经营，就很有可能脱粉，使前期的努力付之东流。那么，零售企业应该如何经营好自己的粉丝呢？其实并不困难，最重要的是学会利用爆点。一般情况下，零售企业在经营粉丝的过程中主要可以利用以下三个爆点，如图 5-3 所示。

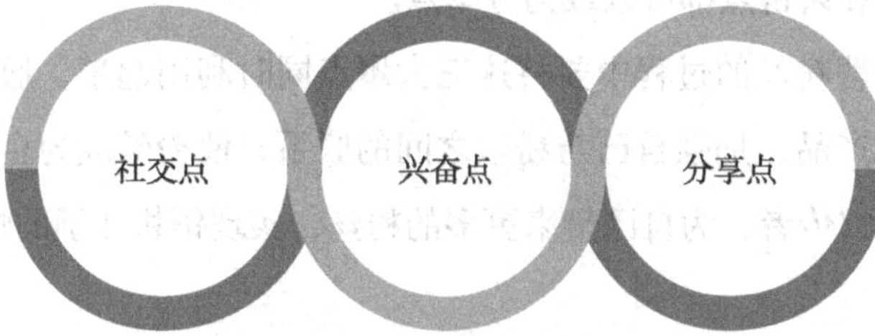

图 5-3　经营粉丝的三个爆点

1. 社交点

这里所说的社交点指的就是社交基因。实际上，任何一件产品都或多或少地含有社交基因，这种社交基因便是连接产品与消费者的媒介。

零售企业需要做的就是准确了解粉丝的生活习惯，并据此改造自己的产品，使其具备消费者所需要的社交基因，使他们觉得这款产品最适合自己，就是为自己量身打造的，从而对产品产生强烈的信赖感，成为产品的粉丝。例如，一些品牌手机具有拍照修图功能，这种功能可以使消费者更好地向外界展示自己，迎合了很多消费者的需求。而手机的这种修图功能就是一种社交基因。

2. 兴奋点

简单地讲，企业打造兴奋点就是要让粉丝感觉到兴奋并从中获得满足。那么，企业如何做到这一点呢？关键就是要对消费者的心理进行深度挖掘，了解什么样的产品、什么因素会给消费者带来惊喜，使他们产生兴奋感。企业可以通过社群了解消费者的心理，再据此改进产品。例如，在产品中添加一些更适合消费者使用习惯的功能，设计更加个性化的包装，优化服务，提升消费者的购物体验等。所以，零售企业应该尽力把产品分析透彻，做到极致，从而最大限度地激发粉丝的兴奋点。

3. 分享点

分享点其实是在兴奋点和社交点基础上的一个爆点，零售企业在赋予产品社交点和兴奋点后必定会给粉丝带来更好的购物体验。而粉丝在获得良好的购物体验后，自然就会乐于向他人分享，从而吸引更多的粉丝。在这个过程中，社交点和兴奋点都可以成为分享点。

企业在经营粉丝的过程中要将这三大爆点同时利用起来，通过粉丝的意见完善自己的产品，加强自己与粉丝之间的联系，使粉丝成为企业品牌最忠实的捍卫者和宣传者，为自己带来更多的粉丝，实现销售业绩的快速增长。

5.3 产品生产：实现消费方式逆向牵引

随着大数据、人工智能等技术的发展，零售企业利用科技手段对消费者群体的心理需求、购买习惯等重要信息的捕捉越来越精确、快捷，而这也从根本上变革了企业的生产模式。根据消费方式逆向牵引产品生产，进行更加定制化、个性化的生产已经成为现实。

在“2017 中国电商与零售创新国际峰会”上，阿里研究院正式发布了《新零售研究报告》(以下简称《报告》)。《报告》指出，区别于以往任何一次零售变革，新零售将通过数据与商业逻辑的深度结合，真正实现消费方式逆向牵引生产。

本节将从 C2B 新生产模式、大数据下的产品设计、真正意义上的“零库存”三个方面对此进行详细说明。

5.3.1 采用 C2B 新生产模式

2017 年 8 月 17 日，“第三届世界浙商（广东 2017）高峰论坛”在广州举行，浙江商会总会会长、阿里巴巴集团董事局主席马云在论坛中发表了演讲。他认为，过去的制造业基本以 B2C（Business to Customer，即企业到消费者）模式为主，企业自己制定标准，营销市场，而未来的制造业必定会采用 C2B（Customer to Business，即消费者到企业）模式，也就是企业根据市场及客户进行大规模、柔性化、个性化定制生产，这也正是制造业发展的大势所趋。

马云的此番演讲不仅为制造业指明了发展方向，也为零售企业提供了转型方法。确实，纵观阿迪达斯、Zara 等全球知名的零售企业我们就会发现，它们都已经成功采用了 C2B 这一新的生产模式。那么，究竟何为 C2B 生产模式呢？简单地说，就是企业进行以消费者需求为导向的生产。

针对 C2B 生产模式，工业和信息化部的安筱鹏副司长也在一次行业论坛中提出了认识 C2B 定制化生产模式的五个视角。

1. 从工业 4.0 视角看，C2B 定制化生产模式是智能制造的逻辑起点。

2. 从技术路径视角看，C2B 实现了数据流动的自动化。

3. 从组织变革视角看，C2B 定制从组织转变为自组织。

4. 从市场竞争视角看，C2B 是互联网时代企业的新型能力。

5. 从经济理论视角看，C2B 是基于数据资产通用性的范围经济。

在演讲中，安筱鹏副司长一针见血地指出了践行 C2B 生产模式的关键就是企业要做到快速响应每一位客户的需求。这就要求企业对生产的各个环节和组织结构进行彻底的、颠覆性的改革。

我们从上文可以看出，无论是著名企业家，还是国家相关部门的领导，都提到了 C2B 模式的发展前景。这显然不是巧合，而是他们对制造业未来趋势有共同的明确认知，C2B 是发展大方向，所以，零售企业必须顺应时代发展的大趋势，及时调整生产模式，向 C2B 模式靠拢。

尚品宅配是一家以消费者需求为导向的个性化家居设计公司，其运营模式是 C2B+O2O，整个运营流程分为以下几个步骤。

1. 尚品宅配在收到房间的基本信息和消费者对房间的大体规划、设计要求后，就会让专业设计师根据消费者的意见，采用三维虚拟软件，为消费者绘制家居场景图，使消费者能较为直观地看到家具在自己家中的摆放效果。此外，尚品宅配还在新居网（尚品宅配的官方网站）中，为消费者提供了上万套由专业设计师亲自设计的家居解决方案。

2. 在消费者确定了家居方案之后，尚品宅配的设计师就会免费上门量尺寸，根据消费者住宅的实际情况对家居方案做出相应的调整。

3. 经过与消费者的多次商讨，尚品宅配会最终确定令他们满意的家居解决方案，并做出效果图。

4. 如果消费者对设计效果满意，尚品宅配会和消费者签订合同，再把相应的家具图纸送到工厂，为消费者定制个性化家具。

5. 在家具生产好以后，尚品宅配会派出安装服务团队到消费者家里进行安装。

在 C2B+O2O 模式的助力下，尚品宅配每天可以处理数以千计的订单，生产效率达到了传统模式的 8~10 倍，材料利用率也提升至 93%，远远超过了行业平均水平。此外，尚品宅配还实现了真正意义上的“零库存”，并将产品价格下跌和企业库存占用流动资金的风险降到了最低。

我们从尚品宅配的案例中可以看出，C2B 生产模式不仅可以提高生产效率，还可以帮助企业实现“零库存”，从而最大限度地减少浪费，是企业进行转型升级的有效途径。

5.3.2 产品设计：用大数据进行偏好分析

NPD Group 分析公司的零售首席分析师马歇尔·科恩（Marshal Cohen）曾经说过：“如果你没办法及时满足消费者的需求，他们就会马上跑去别的地方。目前，消费行业中的主导权已经转变了，我们不再将商家或设计师的意见奉为圣旨，我们会听取消费者的意见，或观察目前的潮流趋势是什么。”

这位分析师一语中的，道出了消费者在新零售时代的主导地位。在这个时代，商家和设计师不再作为权威来主导时尚潮流，他们已转变为服务者和从属者，以尽可能地满足消费者的需求为己任。所以，零售企业在进行产品设计时不应孤芳自赏、闭门造车，而是要积极地聆听消费者的意见。那么，企业该如何获得消费者的意见和心声呢？采用大数据技术对其进行偏好分析就是最重要的手段。

大数据技术自萌芽至今已经硕果累累。当我们走进一家地标性百货卖场或新零售的品牌店时，我们都能或多或少地发现一些大数据技术的“蛛丝马迹”。零售企业通过对大量消费者购买频次、购买方式、消费历史记录等数据的筛选和分析，建立数据模型，就可以掌握相应消费者群体的购物喜好、消费习惯等多种有价值的信息，然后再以这些信息来指导产品的设计，就可以使产品更好地满足消费者的需求，获得良好的市场反响。

某女装零售企业在创建之初，销售业绩惨淡，产生巨额亏损，面临倒闭的风险。后来，企业管理者经过一番深入研究，找出了产品卖不出去的根源。原来产品的目标消费群体范围过窄，只定位在35岁以上的职场女性。而且，企业在进行产品设计时也没有充分考虑消费者的购买偏好，只是依赖设计师一时的灵感；其设计的产品种类过少，只有区区几款固定搭配的套餐，因此根本无法满足消费者的需求。于是，该企业的管理者痛定思痛，决心转型，其最明显的转变就是引入了大数据技术。企业通过对大数据的分析，掌握了消费者的购物偏好，并以此指导设计师进行服装设计。这一策略果然收到了很好的效果，该零售企业很快就扭亏为盈，取得了非常亮眼的成绩。其设计的某款连衣裙月销售量达到了1500条。此后，该零售企业的销售额每年都会以三倍的速度增长，产品复购率更是超过了50%，远远高于同行业标准。

作为全球知名的服装零售商，Zara在大数据技术方面的应用也远超其他品牌，它对大数据的应用主要体现在两个方面。

一方面，Zara将大数据运用得更为细致透彻。一般的零售企业只会对消费者的消费习惯、消费记录、消费频率等数据进行偏好分析，但Zara所做的可不止这些，它还会收集门店经理与消费者的谈话内容，并从中总结出消费者的喜好。这样就能对消费者了解得更为透彻精准，也为设计师设计新产品和对最热门商品进行调整提供了更有利的依据。

另一方面，Zara将大数据与自动化程序完美结合。利用其全球资讯网络，Zara记录了每一件售出商品的价格、时段、所属的门店等数据，然后应用自动化程序对这些数据进行分析，总结出了消费者的喜好。

通过对大数据技术的应用，Zara将对消费者购物喜好的掌握做到了极致，其对市场的应变速度也明显加快，以至于最快时三天就能推出一件新品。因此，Zara 的产品也受到了越来越多消费者的喜爱和追捧。

上述两个案例充分说明了大数据在产品设计方面的重要性。因此，零售企业要想获得发展，赢得更多的消费者，就必须运用大数据技术分析并掌握消费者喜好，进而设计出消费者满意，也愿意购买的产品。

5.3.3 实现真正意义上的“零库存”

真正意义上的“零库存”意味着企业所生产的每件商品都没有滞销，都被顺利地销售出去，商品浪费已降到了最低。这是每一家零售企业都希望达到的理想状态，也是很多零售企业的终极奋斗目标。俗话说“不想当将军的士兵不是好士兵”，同样，不想实现“零库存”的零售企业也是没有的。因此，不少业内人士提出了这样的论断：只有“零库存”才是新零售的黄金标准。这话也许有些极端，但并非没有道理。那么，到底有没有企业实现了真正意义上的“零库存”呢？我们以“蘑菇街”为例来进行具体分析。

“蘑菇街”是一家专注于时尚女性消费者的电子商务平台，其对于广大女性消费者来说是一个“美丽天堂”。它以众多符合时尚潮流、彰显个性品位的服饰博得了年轻姑娘们的喜爱。近几年，“蘑菇街”更是获得了突飞猛进的发展，它推出的服饰件件都是爆款，大受欢迎，实现了真正意义上“零库存”。

而表现如此出众的“蘑菇街”正是凭借着其对大数据技术的应用，才使自己成了新零售企业中的翘楚。对此，“蘑菇街”时尚商品总监张欣说：“通过大数据来洞察和预测商品潮流趋势，不但能够帮助平台给消费者挑选出更新更好的商品款式，还能够实现精准库存预测，推动服装行业供给侧的升级。”由此可见，利用大数据技术预测市场行情，对于实现“零库存”有着重要意义。对于“蘑菇街”的成功，我们可以从以下两个方面进行说明。

1.“蘑菇街”美丽有“数”

与其他消费领域不同，用大数据技术来洞察“美丽”似乎并没有那么简单，因为不同的人对美有不同的定义和理解，所以我们似乎很难找到一个统一的标准。那么，“蘑菇街”究竟是怎样破解“美丽”密码的呢？

为了尽可能地掌握年轻姑娘的消费选择和消费倾向，“蘑菇街”做了大量的市场调研和数据分析，上至“蘑菇街”全球街拍、设计师品牌、快时尚品牌，下至批发市场及女性日常的选装场景，几乎所有女性的购物场景都成了它采集数据的渠道。

通过如此大范围的数据采集，“蘑菇街”获得了更全面、更能体现消费者心理的数据资源，它对这些数据进行了深入分析，从中得出消费者的兴趣、购买力、对款式风格的偏好、对购物场景的选择等诸多有价值的信息，又通过对这些信息的整理，对整个消费市场进行了细分，最后再针对每个细分市场推出了相应的个性化服饰。对此，张欣说道：“大数据的价值在于对数据的加工能力，通过加工实现数据的增值。数据技术发展可以无限逼近消费者内心需求，而掌握了数据就是掌握了消费者需求。”

通过对数据的全面掌握和分析，“蘑菇街”突破了“生产—销售—数据”这一小闭环，开始将重心从产品的销售环节过渡到产品的设计环节，力争使其设计的每一件服饰都能充分满足消费者的购买需求，赢得消费者的好评，实现了美丽有“数”。

2. 通过大数据预测，实现真正意义上的“零库存”

对于一个行业领先的时尚品牌来说，利用大数据技术洞察消费者的心理和掌握时尚潮流的发展趋势是必不可少的手段。在大数据技术的助力下，“蘑菇街”实现了以“进货、存货、销售”三个维度为核心的“款式效率”的提升。

具体地说，首先，它根据某款产品的销售表现，结合该款式的特点进行有针对性的数据挖掘；其次，它根据大数据分析得出的结论，对市场流行趋势进行准确的、有前瞻性的预测，再结合各种设计元素选择或设计款式；最后，它基于款式算法、销售样测款、库存算法等方法做最大程度的精准库存预测，并根据预测结果组织生产销售，实现了真正意义上的“零库存”。

在这里，我们着重介绍一下预测库存的各种算法。“款式算法”即通过特定的计算公式给设计师设计的新款服饰打分，帮助企业判断该款服饰的销量；“销售样测款”是通过小量销售样进行线上测款、转化率赛马、红人直播等，来测试其款式的受欢迎程度；“库存算法”是企业通过测款数据反馈，利用算法分析预估销量，再针对小批次销售所产生的数据，做进一步的分析，不断调整和完善生产计划，以实现“零库存”的目标。

通过“蘑菇街”的案例，我们可以总结出企业实现真正意义上的“零库存”的具体做法。企业要利用大数据技术对消费者的需求和喜好进行分析和把握，从源头开始掌控，设计并生产出满足市场需求的产品，在产品上市后也要不断对销售数据进行追踪和收集，利用各类算法预估销量，从而调整生产，最大限度地降低库存，直至实现“零库存”。

大数据技术的迅捷性、精准性完美地满足了时尚企业掌握市场动态的需求，因此得到了广泛的应用。很多专家都认为，在不久的将来，穿在消费者身上的也许会是“美丽的数据”。从整个零售行业角度来看，大数据技术无疑掀起了一轮浪潮，引领了行业的发展趋势。哪家零售企业能够首先利用大数据洞察先机，它就可以在竞争中拔得头筹，实现重塑和升级。

5.4 产品流通：重塑流通链，让流通更高效

2017年9月11日，商务部流通产业促进中心正式发布了一篇名为《走进零售新时代——深度解读新零售》的报告。报告指出，新零售重构了流通体系，催生了全新的商业模式，有效提升了流通效率，降低了流通业成本，充当了流通革命的先行者。可见，报告阐述了新零售在产品流通方面的重要意义，即重塑流通链，让流通变得更高效。

5.4.1 新生产：数字化生产＋数字化转型咨询＋智能制造

生产是流通的起点，也是最基础的一环。新零售要从根本上改变产品流通的各个环节，自然要从生产入手。

众所周知，传统生产模式的特点就是大批量、标准化、低成本和规模

化，而云计算、大数据、人工智能等技术所催生的新生产则具有更加适应市场需求的定制化、个性化、数字化和智能化等特点。具体地说，其特点可以归纳为两个“数字化”和一个“智能化”，即数字化生产、数字化转型咨询和智能制造。下面以吉利汽车为例，对新生产做具体阐述。

1. 通过外部合作，实现数字化生产

吉利作为一家久负盛名的传统汽车企业，在近几年凭借敏锐的市场洞察力频频使出大动作（例如，收购沃尔沃、收购宝腾、成为戴姆勒最大股东等），一时风头无两，也使企业获得了跨越式的发展。而与阿里云合作，实现数字化生产更展现了它敏锐的市场嗅觉，也打响了车企变革的第一枪。

早在2016年12月，阿里云就正式发布了ET工业大脑。这个系统的作用就是让工业生产线上的设备更加智能化，其主要内容包括生产工艺的改良、生产流程制造的数据化控制、设备故障的预测、生产线的升级换代等。它可以使企业极大地提高生产效率，降低人工成本，提高设备的加工精度，降低废品率，从根本上改进企业传统的生产模式，使企业拥有更强的发展动力。因此，ET工业大脑也被业界赞誉为“新机器智能革命”。

吉利正是认识到ET工业大脑的优势，在2017年年初便迅速行动，与阿里云展开合作，果断引进了这个项目。借着这股东风，吉利使自身的生产迈上了一个新台阶，实现了数字化生产。

2. 业务数据在线化、在线业务数据化

在企业的生产和运营上，吉利公司一直强调业务数据在线化和在线业务数据化。

所谓业务数据在线化，就是吉利公司通过各种营销活动，利用大数据技术获得了很多消费者的信息资料，如消费者的年龄性别、消费者的爱好兴趣等；再以此为依据，构建营销服务平台，加深与消费者之间的联系，为消费者提供更多个性化的服务，也为决策者调整生产提供充分的依据。

所谓在线业务数据化，就是指吉利汽车将数字化技术加入企业运营当

中。通过数字化运营，其可以实时获取各种动态信息，实现从下达订单到产品生产，再到产品运输全部流程的紧密融合，提升企业的生产运营效率。

3. 从传统制造转型为智能制造，实现真正意义上的“新制造”

吉利向智能制造转型的重要举措除了上文提到的从阿里云引进 ET 工业大脑之外，还与阿里云在云计算等多个领域展开合作。利用强大的仿真技术，吉利可以在大型计算机上进行车辆模拟碰撞等多项仿真测试，从而为其改进设计、提高车辆安全性提供参考。它还应用多种高科技手段对车辆性能进行综合改良，极大地提升了汽车的品质，给消费者带来了更加优质的驾驶体验。

在不久的将来，吉利汽车与阿里云还会在更多领域达成合作，如供应链、车联网、CRM 等。对此，吉利汽车 CIO 丁国祥表示：“吉利汽车与阿里云在各自的行业中都有着十分鲜明的资源优势，双方将共同在汽车行业构建基于互联网的新业务模式、新汽车技术。”

通过与阿里云合作，吉利实现了数字化生产和智能制造，在新生产方面迈出了关键一步，并将自己打造成一个以“创新、转型、协同”为特点的新型汽车企业。吉利应对市场变革的一系列努力获得了极大的回报。在 2016 年吉利举办的营销活动——“蓝色商城”中，参加活动的 200 多台“博越”汽车仅在 2 个小时内便全部售罄，总成交额超过了 2.5 亿元。在 2017 年的营销活动中，吉利更是创造了 1 小时卖出 2000 多台汽车的纪录。

在向新生产转型方面，吉利汽车为零售企业树立了一个很好的榜样。零售企业应该借鉴吉利的成功经验，并结合自身的实际情况，逐步践行数字化生产、数字化转型咨询和智能制造，向新生产迈进。

5.4.2 新金融：供应链新金融，让资金问题不再是绊脚石

新零售在刚被提出时，对于绝大多数企业来说，是一片新蓝海，有着极为广阔的市场前景。然而，按照一般的市场规律，随着大量零售企业的持续涌入，这片蓝海的红利就会被迅速瓜分干净。随后，它就开始向红海转变，

进入残酷激烈的市场竞争阶段。在这种情况下，如果零售企业想要在新零售市场中提升竞争优势，就必须要克服三个方面的难题，如图 5-4 所示。

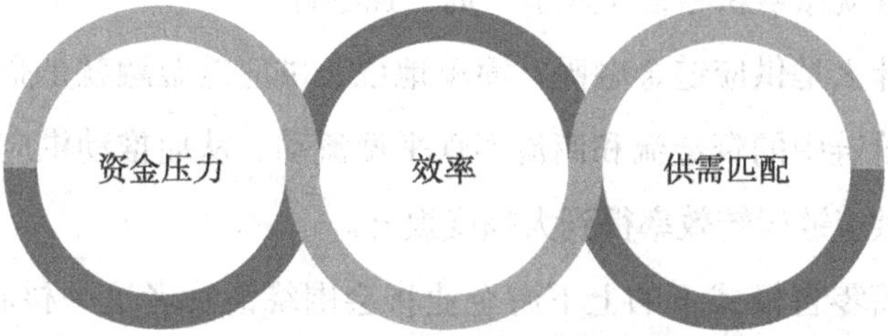

图 5-4 零售企业面临的三个方面的难题

1. 资金压力

随着企业的发展及产品销量的激增，交易频率也会不断提高，但随之而来的是零售企业的资金周转压力也进一步加大了。在企业运营过程中，资金是非常重要的一环，如果企业的资金周转不能正常进行，那么其运营和产品销售就都难以维持下去。所以，资金是零售企业必须重视的问题。

2. 效率

从某种程度上说，现在企业的市场竞争就是效率的比拼。企业如果能以更快的速度将更多的商品投放市场，让消费者在更短的时间内拿到产品，就可能赢得更多的消费者，获得更多的市场份额，抓住更多的机遇，获得更大的发展空间。所以，效率是企业发展的动力和源泉，是其在市场竞争中取胜的重要手段。

3. 供需匹配

在新零售时代，零售企业发展迅猛，但是规模的扩大必然会带来很多问题。例如，发货地点不集中、产品种类繁多、发货时间不确定等。再加上订单量急剧增多，信息方面存在壁垒，这就给物流环节带来了很大压力，导致供需错配的情况出现。因此，零售企业必须协调好物流和时效之间的关系，使供需匹配。

从目前的情况来看，企业解决以上三方面难题的最佳手段就是实现新金融。具体地说，就是零售企业通过供应链金融服务来为自身注入资金流，保证自身的运营效率以及资金的正常周转。因此，很多资深业内人士都认为，供应链新金融就像给新零售注入了一剂“强心针”。

那么，什么是供应链金融呢？简单地说，供应链金融就是企业通过金融手段使产业价链中的资金流和商流实现平衡流动，从而推动供应链的创新和改善，并使供应链运转效率得到大幅度提升。

未来，新零售模式下的上下游企业将会围绕消费者这一核心结成链条，每家企业都是链条上的一个节点，当消费者的需求发生改变时，整个链条上的企业都会做出相应的调整。那么，为了更好地适应市场变化，上下游企业也必须采取措施，加强彼此的联系，以实现更快的联动。例如，开放场景与数据、实行无人经营、建立企业间的战略联盟等。而供应链金融就是在这种企业合作的基础上为新零售企业提供服务的。具体体现在以下三个具体环节中。

1. 新零售中的产品供应环节

在供应链中，零售企业一般都有自己的下游企业，也就是一些经销商和零售商。供应链金融则可以通过对零售企业相关数据的分析和授信，给予这些经销商和零售商资金方面的支持，从而使其资金周转压力得以缓解。

2. 新零售中的物流环节

用最短的时间拿到应收账款是每家物流公司的愿望，因为这些账款可以帮助它们开展其他业务，从而达到扩大自身经营规模的目的。而供应链金融则可以最大限度地满足这一需求。

3. 新零售中的仓储环节

在仓储环节中，供应链金融首先要对上下游企业的各种数据进行综合考查，如交易数据、位置数据、库存数据等，然后再对企业进行风险方面的定价和评估，从而核算出最准确的风险贷款金额，为企业提供相应的贷款。

总体来说，供应链金融使零售企业的运营效率得到大幅度提升，运营成本大大降低，为提升企业运营效率、缓解其资金压力发挥了重要作用。在零售企业接入供应链新金融这一方面有不少非常经典的案例，海澜之家就是其中一个。

目前，海澜之家共开设了5243家线下实体门店，遍及中国31个省以及80%以上的县、市。那么，同时管理和运营这么多家店铺，并取得了飞速发展，海澜之家是如何做到的呢？这与它接入供应链金融，采取“轻资产”的模式密不可分。在“轻资产”模式的引领下，海澜之家把存货和资金全都分配给了自己的上下游，而它只需要为上游的供应商和下游的加盟商提供品牌、营销网络、供应链等方面的管理。这样一来，它就成功打造出了一个以企业、供应商、加盟商为主的利益共同体。

从另一个角度来看，海澜之家不像是一家服装公司，而更像一家供应链金融公司，它所做的就是考核和管理上下游公司，为它们提供品牌和资金，解决它们在生产上遇到的问题。它就像一个产业路由器，或者是一个供应链的枢纽和共享经济平台，集合了各种各样的资源，使每一家上下游企业都得到充分的发展。而上下游企业的发展又共同塑造了海澜之家这个品牌。在这种模式下，虽然海澜之家只占有很少的资源，却使更多的资源都为自己所用并促使它们发挥各自的作用。

2017年，海澜之家单店年平均收入已经超过400万元，单日平均收入超过了2万元。细算下来，平均每10分钟就会有一位消费者到海澜之家购买商品。而这也正是海澜之家采用供应链金融模式后交出的完美答卷。

在新零售模式下，上下游企业通过供应链被牢牢地联系起来，形成了利益共同体，而供应链金融则使这个链条变得更加牢固。如今，供应链金融服务的特征也出现了多维度、多触点、高频次等新变化，相应的零售企业也会因此而获得更多方面的利益。

5.4.3 新供应：智能物流 + 数字化供应链 + 电商服务商

新零售时代，零售企业对供应链进行管理的主要目标是要以最快的速度将消费者需要的商品送到他们手中。这就需要零售企业将供应商、门店、销售渠道、仓库等链条上的每一个环节都集成和协同起来，从而提升服务水平，降低运营成本，具体的实行手段是智能物流 + 数字化供应链 + 电商服务商。下面以盒马鲜生为例进行具体分析。

首先，在数字化供应链方面，盒马鲜生的生鲜供应链是精致且柔性化的，它采用的 B2B 冷链供应模式是一种根据市场状况，直接组织监控上游农场对农产品进行种植、培育，然后快速运至门店销售的运营模式。

在与其合作的农场里，盒马鲜生可以指导农民进行规模化的种植，并有计划地收购他们的产品。在农民的种植过程中，盒马对土地、水资源、无公害种植进行了全程监控，确保其供应的农产品更加绿色、健康。未来，盒马鲜生将会进行农场的专业化种植，实现一家农场供应一个品种的蔬菜，通过计划农业实现农产品的工业化生产。

无论是在农场还是在肉类加工厂中，盒马鲜生都与合作方实现了数据的完全共享，进而全程数字化监控供应链的各个环节。具体地说，这种供应链是一个倒推的、精确的链路设计。例如，如果盒马鲜生要采购大量肉类产品，那么它就会从种猪的育栏开始，对育栏、出栏、屠宰、物流运输的全部生产流程都进行数字化监控，实时掌握动态信息，做好规划，以提高肉类产品生产的效率，提高肉的品质，确保新鲜度。

这种供应链模式使农场基地直接面向消费者，消除了生鲜菜品在批发市场、中间商转卖运输过程中所产生的消耗，避免了价格的层层叠加，使所有运作都变得公开透明，把真实的价格还给消费者，既使消费者买到更便宜的商品，也提高了农民的收入。据统计，在传统的超市里，蔬菜的损耗率高达 20%~30%，而盒马采取的数字化供应链则使损耗率大大降低，使它能够在毛利润仅占 10% 的情况下也取得很好的收益。

其次，在智能物流方面，由于有强大的数字化供应链作为基础，盒马的物流也变得极为智能化、迅捷化。农场当日生产出来的菜品，次日就可以被放到盒马鲜生的门店当中供消费者挑选。

在每天下午 4 点，盒马鲜生的门店都会把其第二天的销售计划发送到各个合作农场基地，要求农户按计划采摘、包装、装车，然后再由物流公司运至门店销售。在智能物流的大数据技术、GIS 技术的助力下，物流运输效率极高，减少了很多不必要的耗时环节，缩短了运输时间，降低了运输成本。因此，盒马鲜生还推出了“日日鲜”商品。因为它的每件商品都是包装好的，且能确保新鲜，所以根本无须消费者挑选，既避免了商品的浪费，又节省了消费者的时间和精力。

再次，在商品的配送上，盒马鲜生也做得极为细致周密，它利用大数据技术统计了门店周边 3 公里范围内的家庭和人数，据此分配配送资源，可以实现 10 分钟送达。

最后，在电商服务商方面，盒马鲜生打通了线上线下，实现了电商门店的统一销售，极大地方便了消费者购物，提升了消费者的购物体验，也有利于自己提升运营效率，扩大宣传范围，降低成本。例如，一些“日日鲜”商品如果在当日没有被卖掉，盒马鲜生就会立刻统计出来，通过餐饮生熟联动的链条将其加工成餐饮，在线上线下同时销售，不仅避免了产品的浪费，也保证了产品的新鲜度。

盒马鲜生的创始人侯毅说：“新零售的核心本质是给消费者提供真正有价值的商品和更好的服务，盒马鲜生通过供应链的深度重构，与基地和农民建立双赢的渠道完成订单生产，全程冷链保证商品品质，同时也把价格做到了行业最低水平。”

在实现新供应的过程中，消费者的核心地位是不可动摇的。对于零售企业而言，盒马鲜生无疑代表了零售企业的未来发展趋势，其他零售企业应该多多借鉴其成功的经验，从智能物流、数字化供应链、电商服务商三个方面入手，实现新供应。

5.4.4 新门店：数字化服务培训 + 门店数字化陈列

门店是产品流通过程的最后一环，也是最重要的一环，因为其直接面对消费者，能给消费者带来更直观的、切身的购物体验，甚至决定着消费者是否会购买商品。所以，在新零售时代，如何打造新门店就成了每一家零售企业都必须认真对待的问题。而解决这个问题的关键就在于实现“门店数字化”。

具体地说，“门店数字化”主要是指服务培训的数字化和门店陈列的数字化。零售企业要从服务培训和门店陈列两个方面入手打造“门店数字化”。下面以优船荟为例进行说明。

优船荟是一家进口保税商品的展示直销中心，也是盐城的第一家新零售门店，它在新门店的打造方面积累了深厚的经验。优船荟市场总监兼电子商务总监张震就表示：“新零售是围绕人来进行的话题，所以，为消费者打造基于互联网时代的消费升级、体验升级的新零售体验环境是优船荟应当重点思考的问题。”那么，优船荟具体是怎样做的呢？下面从四个方面进行说明，如图 5-5 所示。

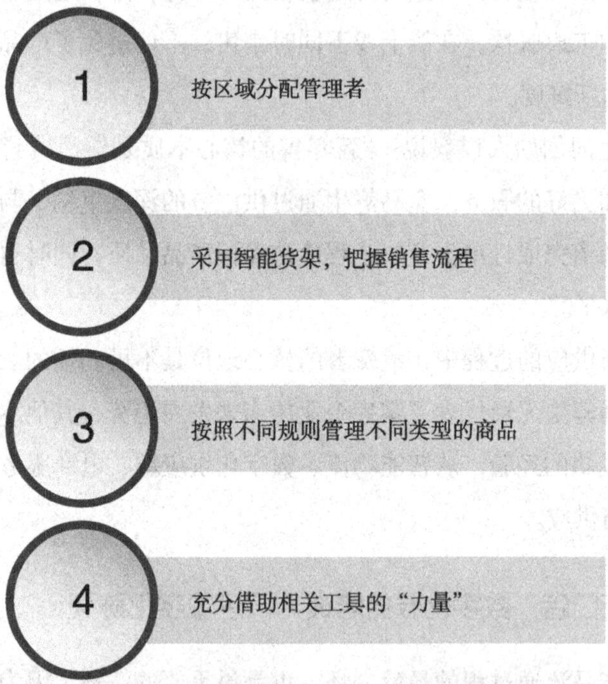

图 5-5　优船荟打造“新门店”的四个要点

1. 按区域分配管理者

门店按区域分配管理者，就是让不同的管理者负责监管不同的区域，而这些管理者的主要工作任务是管理商品和对相关人员进行培训。

优舶荟的门店中陈列着上万种来自澳大利亚、美国、日本、韩国、泰国等国家的商品，显然，对数量如此庞大的商品进行科学管理并不是一件容易的事。它的做法是将门店划分为四个区域：欧洲风情街、超市区、O2O奢侈品体验区和进口红酒品鉴区。优舶荟为每个区域都分配了相应的管理者，并实行岗位责任制，让这些管理者对自己监管的区域进行有效管理。

2. 采用智能货架，把握销售流程

货架是门店的重要组成部分，优舶荟打造新门店自然也少不了对货架的改造。对此，它采用了“用友”的新零售智能货架解决方案。这种智能货架可以应用RFID技术精确地感知商品被拿起的次数，并将得到的数据传入门店分析系统中，优舶荟就可以结合该商品的销量对数据进行分析。如果一件商品被拿起的次数很多，却卖出得很少，那么优舶荟就会分析其原因，对该商品的价格、包装或摆放位置进行一些调整。

此外，优舶荟也在门店中引入了“用友”的新零售客流分析系统。这种分析系统可以通过摄像头直观记录下每个区域的消费者人数，使优舶荟精确地了解门店的哪个区域更吸引消费者，再通过各种分析方法找出该区域吸引消费者的原因，从而进一步改进门店的布局环境以提高消费者的购物体验，并使其对消费者更具吸引力。

3. 按照不同规则管理不同类型的商品

门店按照不同的规则来管理不同类型的商品，可以使管理更有效率和针对性，使商品的引进更加科学，更加适应市场需求，从而达到提升销量的目的。优舶荟管理商品的规则是以版权划分的，因其商品有纯进口的，也有包含国内版权的，所以优舶荟会根据商品的版权进行不同的标示以及价格区分。

4. 充分借助相关工具的力量

新门店的打造要充分利用科技的力量，借助相关工具实现对消费者数据的精准把握，从中获取有价值的信息，为完善门店的布置和商品采购提供指导，以应对不断变化的市场。优舶荟便在门店中引入了智能化信息系统、大数据分析等工具，实时采集消费者的购物信息，并以此为依据来决定采购商品的种类、数量、价格、摆放的位置，以及为商品进行的相关促销和调价等。

对此，张震在接受采访时也曾透露，优舶荟在工具这方面下了很大功夫。从成立之初，优舶荟就引用了用友的 U8+ 新零售解决方案。从商品的国外采购到运送至保税区，再到终端销售整个过程，全程实现信息化管理、数字化跟踪、大数据分析，并将企业内部物流、资金流、信息流三流合一，使业务与财务紧密结合，实现一体化管理。

在上述四个方面的助力下，优舶荟获得了快速发展。未来它还将打造更多新零售概念，如开拓旅游类产品、举办品牌化活动等。

我们从优舶荟的案例中可以看出，它打造数字化门店正是从培训服务和门店陈列两个方面进行的。其中，按区域分配管理者和按不同规则管理不同类型的商品是它实现培训服务数字化的必要途径，而采用智能货架和借助相关工具则是它实现门店陈列数字化的重要手段。因此，零售企业要想在“数字化”的基础上成功打造新门店，就必须抓住新零售的核心，积极顺应时代潮流，利用先进的科技工具为门店增光添彩，为消费者带来更好的购物体验。

第 6 章　渠道建设：做好三通体系

在经典电影《侏罗纪公园》中，艾伦·格兰特（Alan Grant）曾经说过这样一句经典台词："世界的变化如此迅速，我们都需要跑着追赶。"当然，他指的是恐龙。但如果把这句话送给传统零售企业，好像也很合适。

追赶时代的潮流似乎是传统零售企业要面对的永恒主题，在电商时代，它们所面临的一个最大命题就是触网。而在当前这个风起云涌的新零售时代，它们要面对的新概念、新理论就更多了，如"全渠道""智能制造""数字化门店""C2B 新生产模式""数字化商业"等，不一而足。

对于这些新鲜事物，零售企业固然要积极引进，将其收为己用，但除此之外，它们还应该做到一点，那就是加强渠道建设。而加强渠道建设的关键就在于实现"三通"，即商品通、服务通和会员通。

6.1　商品通

商品通是交易过程中最基础的一环，具体包括线上线下库存打通、线上下单即可线下取货和线下可购线上商品。零售企业实现商品通，可以增加产品的销量，减少产品的浪费，实现“零库存”。

纵观优衣库、素型生活、盒马鲜生等经典新零售案例我们会发现，它们无不实现了全方位的商品通。因此，想要转型的零售企业也要争取实现商品通来促进企业转型升级。

6.1.1 线上线下库存打通

在2016年1月14日召开的“2015新网商年度盛典”上，阿里巴巴零售事业群的班委靖捷向在座的众商家提出了两个目前零售商们可能会经常遇到的场景。第一个场景是“双11”期间，商家忙得热火朝天，打折促销，吸引消费者疯狂购物，可眼看业绩节节攀升，货却没了；第二个场景是很多电商在线下都有自己的店铺，消费者在线上选好了商品的颜色和尺码，到相应的实体店购买时却发现缺货。

其实，仔细想想，第一个场景中的货真的没了吗？第二个场景中消费者所要的商品，商家真的没有吗？并不一定。也许线上虽没货，但线下可能有库存；或者某个线下实体店没货，但其他店面有货，只是商家没有将线上线下的库存打通，进而产生了信息壁垒，才导致了所谓的“缺货”现象，降低了消费者的购物体验。这也是许多电商和零售企业所面临的痛点所在，其解决方法就是打通线上线下库存。

2017年7月25日，京东与沃尔玛宣布联手推出大型促销活动“88购物节”。在活动期间，只要是在沃尔玛线下的400多家门店购物的消费者，都可以通过扫描二维码来领取京东满减优惠券，这种优惠券可以在沃尔玛线上旗舰店（具体包括沃尔玛全球购、京东商城的沃尔玛、ASDA全球购）使用。而且，在上述三个线上旗舰店购物的消费者也有机会获得沃尔玛实体门店的满减优惠券。

沃尔玛通过这样的活动积极推进其线上线下库存互通，与京东的库存互通，使消费者无论是在线上线下，还是在第三方平台，都能获得相同的优惠以及无差别的购物体验。

据京东副总裁冯轶介绍，双方此次合作的重点就在于库存互通。通过在供应链和后台技术方面的合作，京东与沃尔玛实现了线上线下的库存信息互通，以及双方的信息共享。这种合作有效消除了信息壁垒，只要京东接到消费者订单，沃尔玛的工作人员就会在第一时间打包商品，然后由京东物流的配送人员将商品送到消费者手中。目前，双方的这项合作业务已在北京、上海、广州、深圳、成都、武汉六个城市开展，取得了非常不错的成绩。

除了与京东的合作之外，沃尔玛还打通了其全球门店的库存，采取跨境直邮的方式，最大限度地为消费者提供他们所需的商品。对此，沃尔玛中国电子商务高级副总裁霍斯博表示："中国的消费者不仅能买到沃尔玛在中国市场的商品，同样也能下单购买沃尔玛在英国、日本等其他国家的商品。"

拉夏贝尔是一家著名的服装零售企业，它最大的创新之处就是实施了 O2O 模式。这种模式是企业将线上和线下相融合，让线上成为其线下交易的前台。它可以使企业所有店面的库存连通起来，实现库存共享。

在这种模式下，拉夏贝尔无须再对全国性的电商仓库进行统一备货，而只需在其各个实体门店备货即可。也就是说，消费者下单以后，拉夏贝尔的订单处理系统就会根据消费者留下的地址，自动分配一个距其最近的实体门店，完成发货。此举使物流运输距离大幅度缩短，有效降低了物流调度的成本，也减轻了库存的压力。

无论是沃尔玛还是拉夏贝尔，都在用自己的方式去打通线上线下库存，并获得了成功。零售企业也该从这些成功案例中借鉴好的经验，努力打通线上线下库存，为消费者带去更好的购物体验，实现业绩的增长。

6.1.2 线上下单即可线下取货

据相关资料显示，80% 的消费者会在购物前从线上了解他们所需购买商品的信息，而 75% 的消费者会倾向于在实体店里完成购买。这就充分表明了消费者对线上和线下购物的态度，他们之所以有这样的选择，正是因为线上查询商品信息快捷简便，可以帮助他们节省很多逛街的时间；而线下购物又可以使他们近距离地接触商品实物，方便他们进行挑选，并以最快的速度拿到商品。那么，零售企业该如何使线上线下的优点得到兼顾呢？线上下单，线下取货的销售方式便应运而生了，这种销售方式完美契合消费者的购物心理，必然会赢得消费者青睐。

对于零售企业来说，采用线上下单，线下取货方式的好处颇多，它不仅可以使线上转化率、商品购买率得到大幅度提高，还可以将线上流量引至线下，增加实体店的客流量，带动实体店内其他商品的销售。

在新零售时代，线上下单，线下取货这一方式已经成了很多零售企业打通线上线下，实现企业转型升级的首选。我们以良品铺子为例进行说明。

“我刚刚在你们的线上旗舰店订了一个礼盒，现在可以取货了吧？”某天下午，一位女士来到了一家良品铺子的实体店，询问她刚刚在网上订购的坚果礼盒。

“可以了。”店内的售货员很快便将准备好的礼盒交给了这位女士。

女士对礼盒进行一番检查后，满意地离开了。

其实，从女士成功下单到她到店内拿货，只间隔了不到 5 分钟的时间，这就是良品铺子“线上下单，线下取货”的销售模式。消费者只需用手指在手机屏幕上轻轻一点，就可以享受线上购物、线下体验的便利。但是，这种看似简单的消费模式也并不是每一家零售企业都可以实现的。对于良品铺子而言，它给消费者带来超预期购物体验的背后，是它精心打造出的新零售战略。

经过多年摸索，良品铺子已经实现了全渠道供应链的打通和动态库存管理，其线上线下互通，实现了双翼齐飞、相互促进的经营格局。而在此基础上所采取的“线上下单，线下取货”的销售模式更使其如虎添翼，使其线下实体店的优势得到了最大限度的发挥。

良品铺子董事长杨红春在一次采访中曾表示：“新零售虽然是马云提出

的，但我们早就这样做了。我们已将线上线下打通，顾客在门店或网店下单，库存都会实时变化，顾客到店立等可取。”正是在这种销售模式的助力下，2016年，良品铺子的销售额就已经达到了60亿元，而其线上销售只占了其中的1/3左右。如今，良品铺子专卖店在武汉随处可见，已经成了大多数武汉市民购买零食的首选。

对于未来零售业的发展，杨红春也道出了自己的看法：“未来的零售业态，线上和线下绝不是孤立的。”他相信，只有实现线上线下的全渠道经营，才算得上是最好的“新零售”。线上扫码、门店取货，将线上线下客流打通，实际上是零售企业应对线上流量制约的务实之举。这种模式可以促进产品销量的提升，助力“零库存”的实现。因此，各大零售企业应该积极借鉴这种模式，确保自身的长远发展。

6.1.3 线下可购线上产品

电商在刚刚兴起的一段时间内，迅速抢占了传统零售业的市场份额，对传统零售业造成了极大的冲击。但是，电商历经多年的发展也未能取代传统的实体店，说明实体店也有着电商所不可替代的优势。在实体店内，消费者不仅可以实地接触产品，亲身感受产品的功能，而且还能感受到店内的服务，获得良好的消费体验，这些都是电商所不具备的条件。例如，对于一些大型家用电器来说，消费者如果在线上购买的话，由于没有办法亲身体验，便会对其质量、性能、售后服务等产生很多顾虑，因此，通常会选择去线下实体店购买。

在这种情况下，零售商要想提升产品销量、获得快速发展，就必须充分考虑到消费者的购物意愿，要让他们能在线下买到和线上一样的产品。在这一方面，茵曼就做得非常不错，值得广大零售企业学习和借鉴。

茵曼是一家著名的互联网女装品牌，它于2008年在淘宝正式上线。经过数年的发展，到2013年，其销售额已经超过了5亿元。而到了2017年，发展更是突飞猛进，仅“双 11”期间，销售额便达到了近亿元的水平，在淘宝女装销量榜中高居前五位。

作为一家成功的电商企业，茵曼并没有满足于现状，而是开始积极转型，把发展的重点转移到了线下。茵曼为什么要这样做？因为它深刻地认识到，在当下这个新零售时代，线上流量已趋近饱和，很难再吸引更多的消费者，发展势必会遇到瓶颈，而布局线下，实现线上线下的深度融合便是突破瓶颈的有效手段。

茵曼母公司汇美集团的股东搜于特公司所提供的数据也证实了这一点。其实，从 2012 年开始，茵曼的净利润率就出现了逐年下滑的趋势。而从茵曼开始布局线下以后，这一下滑趋势便得到了扭转。

茵曼布局线下的举措就是与著名的线下大型商场——新世界百货进行合作，签署了战略合作协议。众所周知，新世界百货实力雄厚，旗下商场众多，其百货零售连锁网络更是覆盖了中国多座重点城市，包括北京、上海、沈阳、武汉等。茵曼与其合作，可以最大化地吸引线下的客流量，提升销售业绩。入驻这家大型商场后，在线下门店的经营方面，茵曼秉持着同款同价的宗旨，使消费者可以在线下买到与线上相同的商品，享受同等的服务，因此也取得了很好的收益。

除此之外，茵曼还启动了“千城万店”计划，进行线下门店的招商。对于这项计划，茵曼董事长方建华在 2015 年的天猫服饰战略大会上说：“今年年底茵曼要发展到 200 家线下门店，而 2016 年计划要做到 1000 家。我们希望未来五年，茵曼要在 1000 个城市开出 1 万家门店。”事实证明，他的豪言壮语正在逐步成为现实。对比线上线下的销售模式，方建华进行了总结，虽然线上渠道的销售成本要比线下渠道低，但也有自身的缺陷，如果综合比较，其实二者的盈利空间并没有太大差别。

随着规模的日益扩大，如今的茵曼已正式启动了“茵曼 +”品牌计划，开始向多品牌、多品类、多渠道方向发展。茵曼为电商转型线下提供了一个很好的样板，零售电商要积极借鉴其各方面的成功经验，包括入驻有实力且客流量大的大型商场、采用线上线下同等服务模式、进行品牌门店的线下招商等，以此扩大规模，增强品牌实力，吸引更多的线下消费者，实现销量的跨越式增长。

6.1.4 优衣库：所见即所得的门店自提模式

“李女士，您刚下的订单缺货，请您自行退款。对不起，给您带来不便，敬请谅解！”这是一条店家回复给李女士的消息。

此前，李女士刚刚利用上班前的20分钟在网上购买了一件心仪已久的衣服，却收到了店家无货的回复。无奈之下，李女士只好照做。

这次不成功的购物虽然表面看起来没有对李女士造成什么影响，但其实浪费了她的时间和精力。更重要的是，这次失败的网购使她感到非常不愉悦，进而会对店家产生失望感，不再购买店家的服装。

以上案例充分说明了店家保证供货服务，提升消费者体验的重要性。在新零售时代，市场竞争空前激烈，大量同质产品充斥其中，零售企业要想在竞争中脱颖而出，就必须以消费者为核心，满足他们的各种需求，不仅要提供质优价廉的商品，更要注重提升消费者的购物体验，使其尽快拿到商品。无论对实体零售商家还是对线上电商来说，这都是非常重要的，也是其成功吸引消费者、寻求变革的“生存法则”。下面，我们讲一下优衣库提升消费者体验的方法——使消费者所见即所得的门店自提模式。

为了充分了解消费者的真实需求，优衣库通过与安索帕集团合作，对大约4万名消费者进行了调查。调查结果显示，99%的消费者都希望线下实体店和线上旗舰店可以实现同步优惠，56%的消费者希望可以缩短“双11”期间的收货时间，还有81%的消费者想要在距离自己最近的实体门店直接提货。

正是根据这次调查的结果，优衣库认识到了自身的不足，果断调整运营策略，正式提出了“线上下单，门店24小时取货”的战略模式。在进行改革后，消费者在优衣库购物的流程如图6-1所示。

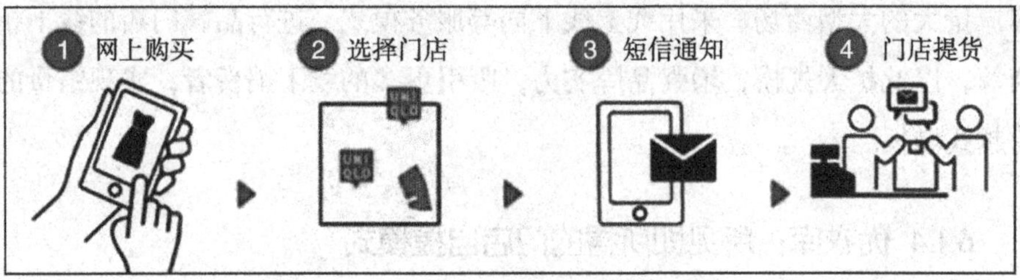

图 6-1 优衣库门店自提的完整流程

第一步：消费者在优衣库天猫官方旗舰店下单，订购有“门店自提”标记的商品。

第二步：消费者根据提示选择最近的取货门店，并提交订单完成支付（无须交付运费）。

第三步：消费者下单后会收到“提货凭证”短信。门店在商品准备完毕后也会给消费者发送一条“备货完成”短信，通知消费者前往选定的门店提货。

第四步：消费者到店，向店员出示“提货凭证”短信，完成提货。

这样的销售模式就与大多数消费者的购物需求相契合，既能保证购物过程的快捷简便，又能使消费者快速拿货，获得更好的购物体验。对此，优衣库大中华区首席市场官吴品慧曾说：“优衣库所理解的新零售概念，就是怎样让顾客更好地体会到将线上线下融合为一体的感觉。”

据相关数据显示，目前优衣库已经有超过 100 个城市的 400 多家线下门店采取了“线上下单，门店 24 小时取货”的方式。这种销售模式使优衣库实现了业绩与口碑的双丰收，使它的每一家实体店和网络旗舰店都成为建立品牌形象和宣传品牌的窗口，也赢得了消费者的广泛好评和青睐。在天猫的一次“双 11”购物节中，只用了不到 3 分钟的时间，优衣库的销售额便突破了亿元大关，成为全品类中销售额最快破亿的品牌。最终，优衣库也在当次“双 11”活动中位列热门职业商家销售额榜单中的首位。

我们从优衣库的案例中可以看出，为了尽快适应新零售，线上零售品牌就要积极布局线下，利用自身的技术优势打通线上线下，最大限度地吸引客流量，提升品牌知名度，使消费者获得更好的购物体验，使企业获得长足发展。传统零售企业应该积极拥抱互联网，享受新零售时代红利，借助线上渠道使其线下实体店的业绩得到更好的提升。

6.2 服务通

如果说商品通是最基础的环节，那么服务通就是关系到订单能否成交的关键一环。对于商家而言，一些进店的人可能很喜欢你的产品，对产品进行浏览和收藏，但就是最终没有下单。这在很大程度上是由于这部分人对售后服务的不确定，或者一些消费者因不了解牌子，一时兴起下了订单，但是收到货后很快反悔退货或不再购买。其中的原因可能并不在产品本身，而在于产品背后的一系列服务。

6.2.1 送货服务

在服务通当中最重要的一环就是物流服务。2018年1月23日，国务院办公厅正式发布了《关于推进电子商务与快递物流协同发展的意见》（以下简称《意见》）。《意见》明确指出："针对电子商务全渠道、多平台、线上线下融合等特点，各地政府要科学引导快递物流基础设施建设，构建适应电子商务发展的快递物流服务体系。"

国家的大政方针已经为物流行业指明了发展的方向。在新零售时代，科技日益发达，人们的购物渠道更多，购物愈发便捷，对购物体验的要求更高。在这种条件下，相对滞后的传统物流业早已跟不上时代的步伐，改革已迫在眉睫。

例如，过去消费者在网上下单之后必须要经过几天甚至几周的等待才能顺利拿到商品。而在新零售时代，这种陈旧的物流模式势必会被淘汰，取而代之的是下单后的"分钟级"送货模式。

如今，相对于新零售的其他方面，物流行业依然有着巨大的发展空间。作为零售企业，谁能在物流方面做得更好，谁就能抢占市场先机，获得长足的发展。我们以京东为例进行说明。

2017年，京东的物流仓储负责人曾在一次采访中介绍说："无人机、无人车、无人仓是京东智慧物流的三大支柱。自今年'6·18'以来，京东无人机已在宿迁、西安实现了日常运营，两个月内完成了数千单配送任务，飞行里程近2万公里。京东无人车也已在北京、杭州、西安的多所高校开始运营，而智能机器人更是早已在不同仓储物流中心投入使用。"

2017年6月，京东便首次使用了无人车配送商品。这种无人车能承载100千克的货物，充满电后可走约20公里的路程。无人车的车顶有两个定位装置，可以供京东的工作人员远程跟踪定位、实时监控；车体内还配备了多款传感器，用于感知周围的路况环境。当检测到前方有缓冲带时，无人车就会自动放慢速度；当检测到前方有障碍物时，无人车还会自动调整路线。

在送货时，京东的工作人员只需将打包好的包裹通过上方的车盖放进无人车内，便可以操纵无人车送货了。因为所经的道路往往人流较多，所以这款无人车的速度不会很快，时速通常保持在每小时3~5公里。当即将到达收货人所在地时，无人车便会自动给收货人发出短信验证码，通知收货人尽快出门取货。收货人在取货时，只要在无人车的屏幕上输入相应的验证码，就可以取货了。如果等待半个小时，没有收货人来取货，无人车就会自行前往下一个目的地。

此外，2018年3月，由京东自主研发的全球首个无人智慧配送站在陕西西安落成并投入使用。京东无人智慧配送站面积约为14.4平方米，高度约为3.6米，有28个存储货箱和1个发货箱，配备了1辆无人车，并可为其充电。

该配送站的运行流程是：首先，无人机自动将货物送到配送站顶部，并卸下货物；然后，由机器人来完成货物的入库、包装，分拣、装车等各个流程；最后，再由配送机器人进行配送，全程没有人工参与。

这种无人配送站与传统的横梁式货架仓相比，其存储、供包、分拣效率都提升了数倍。而由于其采用无人机和无人车送货，也极大地缩短了配送时间。

除京东外，还有很多全球知名的零售巨头也为我们做出了表率。例如，被戏称为“伪装成零售企业的物流企业”的沃尔玛，以及“致力于以尽可能多的方法和尽可能高的效率来运送实体和数字商品”的亚马逊。如今，它们打造的高效配送体系已经成为其核心竞争力。

智能物流将会使“网上购物，楼下发货”成为现实，它改善了实体店所面临的巨额人工、昂贵地租等不利条件，使线上线下的壁垒被彻底打通。未来，无论是电商还是实体店都将插上翅膀，实现信息流、社会资源、商品流等多方面的融合，电商和实体零售商之间的竞争也将会就此画上句号。

正如普洛斯战略顾问、PE 平台合伙人董中浪所说的：“物流在供应链以及产业发展过程中掌握了更多的话语权，物流在供应链上的‘权力转移’使其在当下备受重视。”

零售企业应该正视自身所面临的挑战，对物流进行全面数字化改造，完成“人、货、场”的重构和升级，减少时间、物理空间对零售的制约，竭尽所能建设与新零售相匹配的现代物流。

6.2.2 咨询服务互通

先举个简单的例子，我们在买手机时，除了要考虑手机本身的质量外，还会关心什么呢？当然是这款手机的相关服务。如果我们无法从商家那里获得手机的详细信息，即便这款手机的质量真的很好，我们也往往不会购买；或者如果我们买了这款手机，却得不到手机的售后服务保障，我们注定也不会对该手机进行二次购买。

正如阿里巴巴副总裁靖捷在“2015 新网商年度盛典”上所讲的那样：“消费者收到货的时候和他收到这个货以后，为什么没有对这个品牌进行二次消费，原因不在于实体产品本身，而在于实体产品如何才能兑现其对于消费者的价值。这个价值往往要靠当地的服务商来配合才能够实现。”

“服务本身既影响我们（零售电商）是否能够让消费者在购买一个商品的时候下定决心，提高转化；又可以决定消费者能否在实现第一次成功营销转化之后持续回购。而这大部分情况下要依赖品牌能否与在当地能够提供服务的经销商和社会化的服务商形成合作。”

通过靖捷的论述，我们可以看出做好咨询服务对于商家的重要意义。它不仅为消费者答疑解惑，促进消费者下单，而且还能让消费者获得良好的购物体验，进而成为商家的忠实顾客，为商家赢得良好的口碑。那么，商家该如何做好咨询服务呢？我们以M·A·C为例进行说明。

M·A·C是雅诗兰黛旗下的一家专业彩妆品牌，它在营销上十分重视与消费者的互动，打造咨询服务互通，提升消费者的购物体验。为此，它特意组建了一支庞大的彩妆顾问队伍，并与天猫平台进行了深入合作。

首先，M·A·C引进了天猫研发的“BA在线”产品。利用这款产品，公司的品牌美容顾问就可以为天猫平台上的消费者提供可视化的美妆咨询服务，实现与消费者的一对一视频通话，使消费者在线上就能体验到只有在线下专柜才能体验的服务，给消费者咨询带来更多便利，实现真正意义上的咨询服务互通。

其次，M·A·C还引入了天猫的“试妆台”产品。利用这款产品，M·A·C的消费者在手机上选好自己喜欢的彩妆产品后，就可以通过前置摄像头把试妆效果展示在手机屏幕上，经过反复更换对比，最终确定自己要买的款式。这样一来，消费者只需在手机上轻轻一点，就可以实现和在线下门店反复试妆一样的效果，省时省力。

最后，M·A·C还实行了全渠道服务，进一步优化了消费者的购物体验，提高了产品的复购率。

对此，M·A·C品牌总经理江晨说：“M·A·C的品牌精髓在于线下门店独一无二的零售体验。M·A·C将结合天猫的新零售战略，打造全渠道一致的零售体验——打造全方位体验平台。”

通过M·A·C的种种举措我们可以看出，它将咨询服务做到了极致，最大限度地使消费者了解、认知它的产品，并帮助消费者做出选择，在提升消费者购物体验的同时，使销售业绩大增。

其他零售企业也应充分借鉴M·A·C的成功经验，通过与当地能提供服务的经销商或社会化的服务商的合作，来全方位地提升咨询服务的品质。

6.2.3 雅诗兰黛：打破服务和体验边界

雅诗兰黛是全球领先的化妆品生产商和经销商，在业界闻名遐迩，其产品种类主要包括男女士化妆品、男女士香水、男女士护肤品等。

经过数十年的发展，它的销售网络遍布全球，已在 130 多个国家开设了 13000 多家店铺。多年的努力使它获得了众多的赞誉和好评，如富有创新精神、技术先进、品质卓著等。

然而，即便是这样一家业内巨擘，它也没有因过往的成就变得故步自封，而是紧跟时代的潮流，努力打造服务体系，提升消费者的购物体验。它在打造服务体系上的成果主要体现在产品定位、消费群体、品牌诉求、相关服务、消费体验等诸多方面。雅诗兰黛在彩妆领域的服务举措体现在了打破服务和体验边界的方法上，具体服务举措如图 6-2 所示。

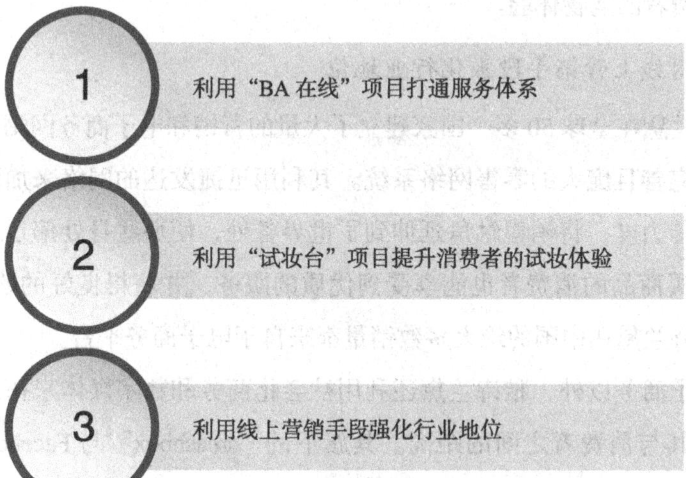

图 6-2 雅诗兰黛打造服务体系的三个方面

1. 利用“BA 在线”项目打通服务体系

利用“BA 在线”软件，雅诗兰黛的专业美容顾问就可以为线上消费者提供可视化的咨询服务，与消费者进行一对一的视频通话，为她们解答疑难问题，提供符合她们实际情况的意见和建议。这样一来，以往消费者只有在线下门店才能体验的咨询服务，如今在线上就能体验到，实现了线上线下服务体系的互通。

2. 利用“试妆台”项目提升消费者的试妆体验

对于大部分消费者来说，试妆是一件令人非常头疼的事情。如果测试的颜色太多，费时费力不说，脸也会变成一个“调色板”，消费者无法感受到产品的真实效果。为了解决这一难题，雅诗兰黛引入了“试妆台”项目。

该“试妆台”项目采用了增强现实技术，它利用手机的前置摄像头帮助消费者在线实时试妆。消费者在手机上打开试妆 App，选择好自己想要购买的彩妆，再将面部对准摄像头，点击试妆，就可以在手机屏幕中看到自己画上该种彩妆的样子。消费者也可以根据自己的喜好反复试妆，甚至还可以直接在自己的照片上试妆。这款试妆 App 从根本上解决了消费者试妆的痛点，提升了消费者的购物体验。

3. 利用线上营销手段强化行业地位

雅诗兰黛在全球 50 多个国家建立了大量的营销和电子商务网站，并由此组建起了完善且庞大的零售网络系统。其利用迅捷发达的网络来加强对自身品牌的宣传力度，将销售触角延伸到了世界各处，使那些身处偏远地区且无法到店购买商品的消费者也能享受到优质的服务，并获得良好的购物体验。例如，雅诗兰黛在中国的绝大多数销量都来自于电子商务平台。

除电子商务以外，雅诗兰黛还利用社会化商务和数字媒体来拓展营销渠道，拉近其与消费者之间的距离。其旗下的“smashbox”与 Facebook 合作，推出了 social shop。如果消费者想在 social shop 购买商品，只需要用 Facebook 账号登录即可，无须注册。在登录之后，消费者还能看到自己的 Facebook 好友喜欢或者购买了哪些产品，并可以以此作为消费的参考。

总体来说，凭借上述三方面的举措，雅诗兰黛实现了服务通，最大限度地拓展了销售渠道，为成功向新零售转型打下了坚实的基础。

由此可见，零售企业也应该从雅诗兰黛的案例中汲取经验，推行全渠道服务，设法跳出门店或网络的桎梏，打破服务和体验的边界，使消费者能随时随地体验到优质的服务，并以此扩大市场、增加流量、提升销量，进而促进自身的长远发展。

6.3 会员通

会员是企业的重要客户资源和消费群体，是企业的忠实顾客。如何吸引、经营和维护会员是企业在营销时应着重解决的问题。

对于线上店铺来说，它所面对的流量更多、更广，可以轻松吸引到大量会员，会员数量可达几百万甚至上千万的规模，这是线下门店所不能比拟的。然而，线上会员也具有难以管理、流动性大、忠诚度不高等缺点。而线下门店因为其可以面对面为会员提供服务，使会员获得优质的切身购物体验，所以它的会员数量虽不多，但忠诚度往往较高。

在新零售时代，零售企业要做的就是将线上线下的会员体系打通，使两者相互融合，实现优势互补，进一步增加会员数量，管理会员并提高其忠诚度，也就是做到会员通。本节从线上线下会员资格、会员权益通用两个方面着手，对会员通进行详细讲解。

6.3.1 线上线下会员资格

零售企业要实现会员通，首先要做的就是打通线上线下的会员资格，使消费者无论在线上还是线下办理会员，都可以在企业的电商和门店享受无差别的服务。例如，消费者可以在线下购物时享受他在线上所积攒的会员积分福利和会员优惠折扣等。

2017年4月28日，在第一场蚂蚁开放日活动上，蚂蚁金服正式发布了支付宝会员通的解决方案。此方案旨在帮助天猫平台上的零售企业或零售商解决其会员线上线下不连通的问题。

零售企业采取会员通方案后，它的消费者就可以获得天猫为其发放的会员卡。凭借会员卡，消费者可以到该零售店的线下门店或线上商城购物，享受完全相同的会员折扣和福利。

该会员卡最大的好处就是使消费者能够在线上线下都拥有相同的会员资格，享受同样的会员服务。零售企业也可以利用会员通方案，对线上线下会员进行充分的整合和维护，从而提升消费者的购物体验，推动产品销量的增长和企业口碑的建立。

2016 年 10 月 13 日，高端护肤品牌 SK-Ⅱ正式实现了线上线下会员体系的互通。它将天猫旗舰店和线下专柜的会员数据进行了无缝对接，对会员进行了整合。会员无论是在线上的天猫旗舰店还是在线下任何一个专柜购买 SK-Ⅱ的产品，都可以享受完全一致的会员权益，并获得统一的会员积分。通过这样的举措，SK-Ⅱ收获了消费者的一致好评，其线下专柜的客流量大大增加，销量也得到了明显的提升。

其实，早在 SK-Ⅱ实行该举措之前，就已经有很多家护肤美妆品牌都打通了线上线下会员体系。到如今，至少有 50 个美妆品牌相继尝试了线上线下会员资格互通，如海蓝之谜、希思黎、Make Up For Ever、雪花秀、娇兰等，这些品牌也都因此取得了很好的销售成绩。

在新零售时代，企业要想实现会员通，首先要做的就是打通线上线下会员资格，为消费者带来无差别的购物体验。这是提升销量、赢得广大消费者青睐的一项重要举措，理应引起各大零售企业的重视。

6.3.2 会员权益通用

俗话说："好钢要用在刀刃上。"零售企业做营销，就要把功夫做到消费者心里，让消费者切实获得实惠，感受到企业的诚意。实行会员权益通用便是一项能很好吸引消费者的举措，它可以使消费者在线上线下享受相同的权益，为消费者购物带来更多的便利，提升购物体验。

下面以拥有 3600 万会员的屈臣氏为例进行说明，它在会员权益通用上的做法体现在以下三个方面，如图 6-3 所示。

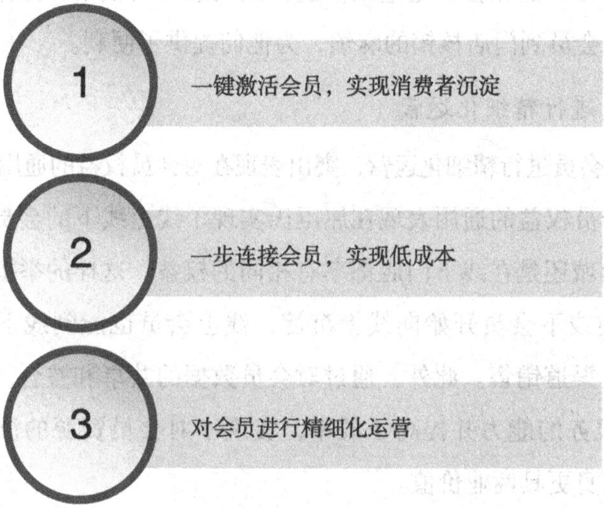

图 6-3　屈臣氏打通线上线下会员体系的做法

1. 一键激活会员，实现消费者沉淀

屈臣氏通过与微信的合作，为消费者办理会员卡提供了便利。过去，消费者每办一张会员卡就要填写一次个人信息，如姓名、生日、年龄、手机号码等。很多人会因其录入信息过多、手续烦琐而放弃办卡。

由于屈臣氏与微信卡包实现了对接，消费者利用微信就可以自主办理一张会员卡。在办理过程中，由于微信会自动帮忙录入，消费者需要填写的信息便相应减少，甚至可以做到一键开卡，省去了很多麻烦。而屈臣氏也能通过微信公众平台自主制作和管理会员卡，实现一键激活会员，从而完成会员信息的初步沉淀。

2. 一步连接会员，实现低成本

通过与微信的合作，屈臣氏也实现了一键连接会员。它可以利用微信公众号向会员发布各种产品信息，包括产品优惠活动、促销活动等，不用花费太高的成本便能达到很好的宣传效果。而且，它还能通过微信与会员展开互动，为会员提供各种咨询服务。

此外，屈臣氏还让会员通过微信进行扫码或输码核销，操作简单，上手迅速，避免了会员到门店核销的麻烦，为他们提供了便利。

3. 对会员进行精细化运营

屈臣氏对会员进行精细化运营，突出表现在对会员权益的通用和划分方面。

首先，会员权益的通用表现在屈臣氏实现了线上线下的会员互通，会员无论在线上商城还是在线下门店都享有相同的权益。这样的举措增加了会员的活跃度，使线下会员开始向线上沉淀，线上会员也能到线下门店体验服务，实现了全渠道销售。此外，通过对会员数据的共享和整合，屈臣氏还增强了对会员服务的能力并提高了效率，实现了对会员资源的沉淀和长期维护，从而使自身更具商业价值。

其次，会员权益划分的具体做法是，屈臣氏根据会员的消费频次、最高消费金额、参与活动的活跃度等条件来划分会员的等级，并根据等级赋予会员相应的权益。一般来说，等级高的会员所享受的权益要比等级低的会员享有的权益大。这样的做法既可以对会员进行细分，实现精细化运营，还可以最大限度地刺激会员消费，以提升自己的等级。

最后，屈臣氏还不断加强与各等级会员的互动和沟通，深入了解他们的心理需求，以便适当调整各等级的权益，使其与会员的需求更加契合，提升会员的购物体验，也强化了他们对品牌的忠诚度。

我们从屈臣氏的案例中可以看出，实现会员通、打通线上线下会员体系、实现会员权益通用对零售企业来说意义重大。零售企业应结合自身情况打造适合自己的会员通，争取以最低的成本吸引最多的消费者，获得最大的收益。

6.3.3 Buy+：打造素型生活

2016 年 4 月 1 日凌晨，阿里巴巴正式发布了 VR 购物方式 Buy+。这种购物方式可以生成可交互的三维购物环境，在线上模拟线下的购物场景，实现另类的线上线下融合。利用该产品，阿里巴巴打造了多个品牌。其中，以素型生活最为经典。

2016 年 9 月，素型生活全球首家 O+O 模式跨界集合店在成都正式开业。它与近 60 个互联网品牌达成了跨界合作，其中涉及服饰鞋包、智能家居、数码科技、美妆洗护、食品咖啡等。开业还不到三个月，该素型生活馆的月销售额就突破了 200 万元。

那么，它是如何做到这一点的呢？原因就在于它综合运用了 VR、大数据等先进技术，实现了消费者选品、下单、服务等多个环节线上线下的共享互通，为消费者开通了一条多层次、立体化、全方位的购物通道，将会员通的理念做到了极致。它的做法包括以下三点，具体如图 6-4 所示。

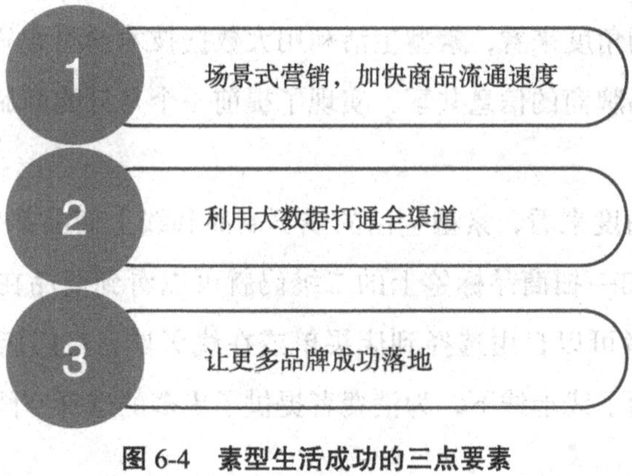

图 6-4　素型生活成功的三点要素

1. 场景式营销，加快商品流通的速度

当消费者走进素型生活的实体店时，会感觉自己仿佛不是进入了一家品牌卖场，而是置身于森林之中，耳边传来婉转动听的鸟鸣，眼前片片枝叶随风飘落，迎面扑来的是阵阵沁人心脾的花香，使人沉醉，使人徜徉，使人流连忘返。而门店所卖的商品便点缀在这样的场景之中，与场景完美地融合起来，似乎成了消费者欣赏美景的“附属品”。

这就是素型生活馆利用技术手段打造的场景式营销，使消费者获得完美的体验，身心愉悦地流连在“美景”之中，消费于无形，达到了营销的最高境界。

场景式营销使素型生活获得了良好的口碑，吸引了众多慕名前来的消费者，也使它所售商品的销量得到了迅猛增长，加快了商品的流通速度。

2. 利用大数据打通全渠道

素型生活利用大数据技术打通了全渠道，实现了选品、供应链、资金周转、支付下单等多个环节的互通。

从选品的角度来看，在大数据技术的助力下，素型生活可以挖掘、分析出周边地区消费者所喜爱的品牌和款式，并以此为依据，在品牌池中选择商品，进行店面的布置和售卖，从而达到迎合消费者需求、降低库存、提高资金周转率、提升销量的目的。

从供应链的角度来看，素型生活利用大数据技术预测商品的未来销量走势，再通过与品牌商的信息共享，实现了提前一个月订购商品，极大地缩短了供货时间。

从下单的角度来看，素型生活的线下商品和线上商品都是同款同价的，消费者只需要扫一扫商品标签上的二维码就可以看到商品在线上的销售价格，并且消费者可以自由选择到店买单或在线买单，在门店自提或快递到家。其真正打通了线上线下，为消费者提供了更多的选择空间，创造了全新的消费体验。

3. 让更多品牌成功落地

素型生活的创始人林学波曾说过：“未来的零售模式应该是线上线下互通的，传统品牌会向线上发展，互联网品牌也会落地线下渠道。”

素型生活自开业以来，让众多互联网品牌成功落地，帮助他们打通了线下渠道。其助力品牌落地的优势体现在以下两个方面。

一方面，品牌商投入成本较低。因为素型生活是多种品牌集合的经营模式，再加上商业地产补贴以及装修、租金打折等优惠，所以，品牌商的投资成本很低，仅为开设一般店铺的20%。

另一方面，素型生活采用新零售模式。它利用科技手段帮助品牌商成功打通了线下渠道。这也是帮助互联网品牌商实现落地的最重要一环。

据相关数据显示，素型生活新零售门店在成都开设的第一个月，其合作品牌的数量就比2015年增加了5倍，商品数量和客流量也都增加了2倍，而在此基础上，其销售额也取得了净增2.5倍的好成绩。

素型生活利用开设新零售的线下门店助力线上品牌的发展，帮助品牌商打通线下渠道，实现线上线下互通，为消费者带来了良好的购物体验。

第 7 章　体验建设：运营消费者

在新零售时代，提升消费者的体验是零售企业制定一切策略的最终目的和核心，企业的消费变革、渠道变革、技术变革都是围绕着提升消费者体验来进行的。

那么，零售企业应该如何优化和提升消费者体验呢？本章将围绕这个问题进行详细说明。

7.1　新零售转型思路

如今，很多零售企业都在寻求向新零售转型。然而，该如何转型、从哪里入手则是它们首先要解决的问题。面对众多的新概念、新科技、新营销模式，零售企业可能会茫然无措，如果像没头苍蝇般地盲目改革，就有可能掉入改革的陷阱，花费大量成本却得不到应有的效果，得不偿失。

所以，零售企业此时要做的就是理清转型的思路。而要理清转型思路，就要从根本入手，从消费者的体验入手，站在消费者的角度看问题，要从产品代理人转变为用户代言人，要从“产品思维”转向“用户思维”。

7.1.1 从产品代理人转变为用户代言人

从产品代理人转变为用户代言人是新零售对每家零售企业提出的要求。毕竟时代已经改变，现在已经不是过去那个产品为王、渠道为王的时代了。在新零售时代，用户是核心，真正掌握着企业的“生杀大权”。所以，在这种情况下，零售企业应该顺势而为，转变自己的运营思路——由原来的 B2C 向 C2B 转变。

GoPro 是全球知名的极限运动摄影品牌，近几年发展可谓迅猛，其产品更是受到了极限运动爱好者的疯狂追捧，GoPro 几乎成了极限运动摄影的代名词。

2014 年 6 月，GoPro 正式在纳斯达克上市，只用了四天的时间，股价就翻了一倍。这样的成绩震惊了整个摄影行业，使 GoPro 在众多摄影品牌中脱颖而出，更加巩固了它在行业内的龙头地位。关于该公司如此成功的原因，可以从以下几个方面进行探讨，如图 7-1 所示。

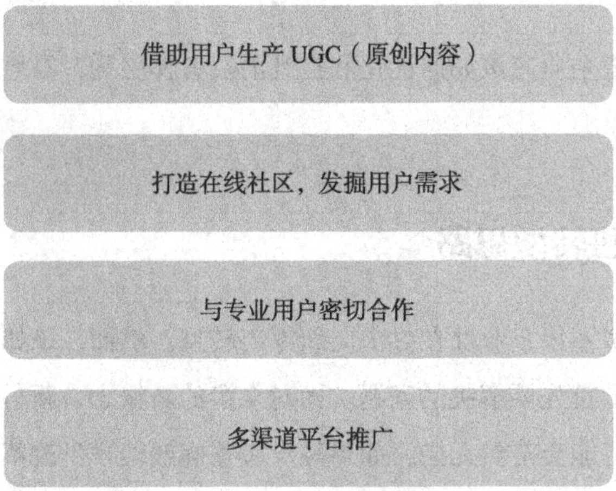

图 7-1　GoPro 从产品代理人变为用户代言人的四个要点

1. 借助用户生产 UGC（原创内容）

GoPro 创始人伍德曼本身就是一位极限运动狂热爱好者，他对与自己有着相同兴趣爱好的人群非常了解，可以设身处地地为他们着想，设计出最能贴合他们使用需求的专业产品。更重要的是，他聚集了大批极限运动摄影爱好者，让他们作为 GoPro 推广的第一波探索者，借助他们生产原创内容，进而使 GoPro 在极限运动领域被广泛传播。

当第一批用户开始使用GoPro产品挑战极限运动的时候，他们会“自觉”地把拍摄下来的照片或视频分享给自己的亲朋好友。通过让这些资深的、有着高超技艺、在极限运动领域有极强号召力的骨灰级玩家亲身体验，拍摄视频并进行推荐，GoPro 成功吸引了大量粉丝，使自己在极限运动圈声名鹊起，逐步成为极限运动者的必备摄影品牌。

2. 打造在线社区，发掘用户需求

GoPro 在成功吸引了众多粉丝后，非常注重对他们的维护。它打造了在线社区，营造起良好的氛围，让粉丝们在社区内可以畅所欲言，分享拍摄的心得体会，并以此掌握粉丝的意见，深入发掘粉丝需求，改进产品。

例如，GoPro 充分接受用户的反馈，改进了相机的性能。用这种相机，用户可以以第一视角拍摄他们乘坐过山车的场面，使观看视频的每一位观众都能体验到乘坐过山车的惊险刺激，给人以身临其境的感觉。而正是这种惊险刺激和新鲜感使观看者对 GoPro 充满了好奇，进而产生了强烈的购买欲望。

3. 与专业用户密切合作

GoPro 深知在极限运动领域，资深专业人士对粉丝的巨大号召力，所以，它充分利用这一点来作为自己推广宣传产品的平台和媒介。因此，它积极与这些专业人士进行密切合作，主要手段包括打造极限运动明星和与专业极限运动员合作。

为了打造极限运动明星，GoPro 组织活动推出“Bonus Program（奖励计划）”，鼓励用户上传他们拍摄的高质量视频。只要用户上传的视频播放量达到 100 万次，GoPro 就会给上传用户奖励 1000 美元现金。

为此，GoPro 专门组建了一支 30 人左右的视频小组，对上传的视频进行审核筛选，将选出的优秀视频进行剪辑处理并发布出去。

这项活动不仅帮助 GoPro 打造出了众多极限运动明星，同时，宣传视频也将 GoPro 产品的超高性能展现得淋漓尽致，最终使 GoPro 产品成为最耀眼的明星。

在与专业极限运动员合作方面，GoPro 会用现金或者最新相机零件等作为报酬，让他们每周定期推出一些包含专业技巧或者有趣内容的视频。当然，要在视频中加入与 GoPro 相关的内容，利用他们的影响力来扩大产品宣传。

此外，2015 年，GoPro 还推出了一个名为“Just For Dogs”的项目。它号召用户利用 Fetch 固定带，将 GoPro 相机绑在宠物狗身上，从它们的视角拍摄世界。此举得到了众多用户的积极响应。此后，很多有趣的视频被发布到了网上，得到了众多宠物爱好者的关注和好评。

4. 多渠道平台推广

GoPro 不断开拓创新，它与各个领域的平台合作，提高产品的适用性和兼容性，将触角延伸至各个领域，使产品彻底融入用户的日常生活场景当中，给用户带来了极大的便利，提升了他们对产品的使用体验。

第一，GoPro 帮用户把视频放映到电视上。它推出了一款手机 App，用户利用这款 App 就可以在家里观看他们用相机拍摄的视频。

第二，GoPro 将自己的视频搬到飞机频道上。它与维珍航空公司合作，在该航空公司航班的飞机频道上播放由 GoPro 用户拍摄的精彩视频。它之所以这样做，就是考虑到大部分旅客在坐飞机的过程中往往会通过看飞机上的视频来打发时间。而向旅客播放自己的视频，正是 GoPro 扩大品牌宣传的很好途径。

事实证明，GoPro 的做法也取得了良好的效果。据 GoPro 的发言人凯利 · 贝克（Kelly Baker）表示，全球 GoPro 视频的平均被观看时长为连续的 18~19 分钟，在美国国内被观看的平均时间为连续的 29.3 分钟。然而，在维珍航空的班机上，很多旅客在从纽约飞往洛杉矶长达数小时的时间里一直观看着 GoPro 的视频。

第三，GoPro 把摄像机搬到了私家车上。GoPro 通过技术改进，将它的摄像机产品与 BMW 车载系统完美整合到了一起，这样用户就可以通过车内系统操控摄像机进行摄像。

第四，GoPro 还把视频搬到了微软的在线游戏平台 XBOX Live Gold 上，使其精彩刺激的视频与游戏完美地融合在了一起，因而也成功吸引了很多游戏爱好者。

第五，GoPro 将摄像机与手机 App 相连，可以使用户实现视频通话，进行更多深层次的交流，增加了产品的使用场景。

此外，GoPro 还通过 Facebook、Youtube、Instagram、Twitter 等各大社交媒体对产品进行了广泛宣传。

我们从 GoPro 的案例可以看出，无论是产品的设计生产、性能改进，还是产品的营销，GoPro 都以用户的体验为出发点，不断贴近用户，满足用户在各个场景的需求，最大限度地提升用户的体验，为用户带来更多的乐趣，真正使自己成为用户的代言人。因此，零售企业向新零售转型，首先是要转变自身的理念，改变过去对产品骄矜自持的作风，深入用户，把自己从产品代理人转变为用户代言人。

7.1.2 从“产品思维”转向“用户思维”

新零售时代，物质产品越来越丰富，种类繁多，而同质化的产品也大量充斥其中，市场竞争日益残酷。零售企业面对这样的局面，只有大胆变革才能求得生存发展。那么，企业该如何变？这就需要企业从根本上转变经营理念，从原来的“产品思维”转向“用户思维”。

所谓企业的“用户思维”，就是企业要时时刻刻想消费者之所想，急消费者之所急，对消费者的需求和喜好进行深度挖掘，多渠道、多角度地满足消费者的各种需求，不仅让消费者满意，还要给消费者带去惊喜。简而言之，就是企业要把服务消费者作为自己一切工作的出发点和落脚点。

善道护肤是一家专业销售女性护肤品的电子商务平台，正因它采取“用户思维”，才在女性护肤领域取得了较快的发展。它采取的“用户思维”主要体现在提升消费者的线下体验上。

在女性护肤领域，消费者最重视的除了品牌之外，就是消费体验。善道护肤就是深刻地认识到了这一点，才在2017年根据市场大环境的变化改变了原来的营销模式，将业务重心由线上逐步转移到了线下，开始致力于打造线上线下共融的新体系，通过线下门店来加强企业与消费者之间的联系。为此，它分阶段投入了上亿元资金，对线下实体体验店进行了全面布局，建立起自己的“O2O+C2B”社区新服务，实现了一站式体验购物新理念。

在善道护肤的线下体验中心，消费者可以对店内的几十个护肤品系列、上百款护肤单品进行随意挑选，并享受先体验、后购物的服务。在消费者体验挑选产品的过程中，客服人员会与消费者深入沟通交流，根据消费者的肤质等条件为他们提供专业的指导和购买建议，使他们在购物过程中实实在在地感受到产品的质量，体验到优质的服务。

在消费者购物结束后，善道护肤的客服也会对他们使用护肤品的过程进行跟踪，了解他们在护肤品使用上的各种意见和想法，随时为他们解答问题，使他们感受到商家的负责和体贴。

此外，善道护肤还利用先进的网络技术，全力打通线上线下，为消费者提供线上线下一体化服务，极大地方便了购物的消费者。

在善道护肤所处的护肤领域，企业只有同时具备了专业性、品质感、贴近感、品牌感等多项要素，才能真正打动消费者。善道护肤通过向“用户思维”转变，无疑在这一方面走在了行业的前列。

无数案例已经证明，在当今的市场竞争中，谁能及时将原来的“产品思维”转变为“用户思维”，为消费者提供更优质的服务、更好的购物体验，谁就能俘获消费者的“芳心”，赢得良好的信誉和口碑，在市场的“丛林”中披荆斩棘，走出一条属于自己的康庄大道。

7.1.3 快闪店：即看即买的流动模式

在新零售时代，很多新兴的开店模式被催生出来，快闪店（Pop-up Store）就是其中比较有代表性的一类。它是一种不在一处久留的品牌店，而是找一个商业发达的地段作为临时铺位，抓住比较短的一段时间（几天或几个星期）来推销品牌，进行短暂经营。只要时间一到，它就会立刻撤店，再在其他地段寻找铺位，开店营销。

这种“打一枪换一个地方”的开店模式有些类似游击战法，因此我们有时也将它形象地称为“游击店”，它的运营核心就是即看即买的流动模式。这种依靠“卖几天商品，制造一些话题，把知名度打响，然后马上消失”的创意开店模式，能吸引很多追求时尚的年轻消费者，引起他们极大的好奇心和新鲜感，因而为很多零售企业提供了一种线下经营的新思路，受到了越来越多零售企业的青睐。总体来说，快闪店的优势有三点，如图 7-2 所示。

图 7-2　快闪店的三点优势

1. 成本低。由于快闪店在一地开设时间较短，它往往并不需要品牌商投入太多的租金和人工维护成本，在装修上也无须品牌商花费太多资金购买“真材实料”，只需要突出包装效果即可。

2. 话题大。快闪店一般不会在事先做任何宣传，而是突然毫无征兆地出现在人流密集的商业地段，其往往会在开业期间更是通过各种渠道大肆宣传，利用这种反差来吸引眼球，引起消费者的广泛传播和热议，进而引起轰动效应。

3. 效果好。快闪店这种短暂经营的特点能带给人一种神秘感，就像一个少女与你经历了一次美丽的邂逅，便悄然离去。这种仿佛初恋般若即若离的感觉是能令人印象深刻的，它会吊起你的胃口。在它到来时，你会满怀惊喜；而在它离去后，你会怅然若失，进而时刻关注它以后会在哪里出现，记住并迷恋这个品牌。

Marc Jacobs 曾开设了一家快闪店，这家快闪店所销售的商品是 Daisy 香水，它从头到尾只开了三天。消费者如果想在这三天时间内购买商品，也无须花钱，只要在自己的社交媒体上分享店铺的照片，便可以顺利换取商品。

三天时间虽短，但正是因为短暂才凸显了它的稀有和珍贵。三天之后，快闪店虽被拆除了，但那些消费者拍摄并上传的照片却永久地留在了社交媒体上，掀起了广大消费者一轮又一轮的热议，引起了轰动。从这一层面来看，Marc Jacobs 开设快闪店的初衷非常明确，它并不是为了售卖商品，而是完成了一场成功的品牌营销。

那么，零售企业该如何开好快闪店呢？必须要牢牢把握以下四个要点，如图 7-3 所示。

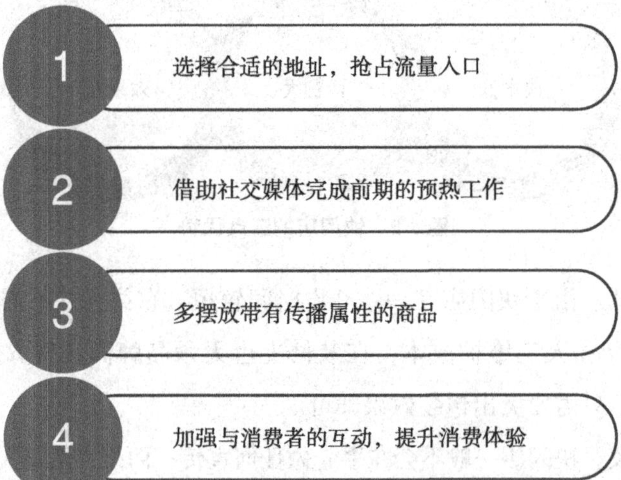

图 7-3 开设快闪店的四大要点

1. 选择合适的地址，抢占流量入口

店铺选址的好坏对开设快闪店的成功与否具有重大的意义。众所周知，快闪店的作用不是售卖商品，而是宣传。店面的地址决定了客流量，进而会影响宣传效果。如果品牌商没有把地址选好，那么不管店铺本身设计得多么具有吸引力，也无法引起太多消费者的注意，更不能取得预期的宣传效果。

一般来讲，快闪店通常会把开店地址定在大型购物商场中。但从目前的情况来看，活动现场、画廊、手工艺集市、艺术馆也逐渐成了快闪店选址的新宠。因此，快闪店选址的关键就在于要保证其自身定位与所在地主力消费群体的高度契合。

2. 借助社交媒体完成前期的预热工作

一些快闪店的开店时间如果非常短（仅有几天时间），那么它通常就要进行前期的预热工作。例如，上文提到的 Marc Jacobs 在正式开张的前几个月就已经开始了预热工作，它先举办了一场名为“粉丝拍摄时尚大片”的活动，获得了粉丝的踊跃响应，报名人数甚至超过了 7 万。之后，它又从这 7 万粉丝中选出 9 位，完成了秋季广告的拍摄。这场预热活动除了有聚集人气的作用之外，还有吊消费者“胃口”的目的，从而让老消费者拉来更多的新消费者。

3. 多摆放带有传播属性的商品

在快闪店的商品选择上，品牌商也应该做到别出心裁、独具一格，重点凸显商品的传播属性，而不是盲目地、不分主次地堆积商品，让消费者无法在短时间内了解产品特点，从而无法给其留下深刻的印象。

对此，不少业内专家建议在快闪店内出售新品和限量版商品，或者具有“潮”“酷”等鲜明时尚元素和社交传播属性的商品。因为这样做可以最大限度地调动起年轻消费者的好奇心，利用他们乐于尝试新鲜事物的心理扩大宣传，进而引起轰动。

4. 加强与消费者的互动，提升消费体验

快闪店作为一个新兴的开店模式，它的主要作用就是帮助企业拉近其与消费者的距离，加强与消费者的互动，提升消费体验，进而为企业推广品牌

提供平台。如果它只是如普通门店一般单纯销售商品，那么它也就失去了存在的价值和意义。

2016 年 11 月，爱马仕在日本京都祇園町开了一家快闪店，这家快闪店的外观设计灵感来自于家用电器——洗衣机。由于它的设计更加具有亲和力，而且还会为消费者提供免费清洗丝巾的服务，使爱马仕这个品牌更接地气，加强了与消费者的互动，提升了消费者的体验，从而吸引了大量消费者光顾，获得了无数好评。

我们通过上述四点可以看出，品牌企业开设快闪店，就要明确快闪店的定位，不要把它当作售卖商品的门店，而是要把它作为吸引粉丝、提升品牌知名度的手段，将运营重心放在线下展示、消费者参与、产品体验、优质服务、专业咨询、定制生产等方面，使品牌得到最大限度的推广。

7.2 新奇愉悦的互动体验

新奇和愉悦是人们都渴望体验的心理感受，虽然每个人的兴趣爱好各不相同，但是能让人们感受到新奇愉悦的事物却是相通的。

如今，人们不得不把绝大多数时间都投入到大量枯燥乏味的工作中，因此，在闲暇时，他们对新奇愉悦感受的渴求就愈发迫切。如果零售企业能抓住人们的心理需求，通过各种手段适时地给予其新奇愉悦的体验，使他们放松身心，感受快乐，那么，企业就会赢得消费者的好感，进而取得营销上的成功。

这就好比一个小伙子追求少女，如果他总是能及时地带给少女体贴与呵护，在她渴望浪漫的时候，就送上一束鲜红的玫瑰；在她需要照顾的时候，就勇敢地站出来为她遮风挡雨；在她悲伤难过的时候，就给她一个肩膀，默默地为她拭去眼角的泪水，那么，这样的小伙子如何能不俘获少女的芳心呢?

7.2.1 就试·试衣间：女性自拍的天堂

“就试·试衣间”是一家服装零售实体店。乍看起来，这家服装店似乎与普通的服装店并无二致，然而，就是这样一家看似普通的服装店开业的第一个月就取得了日均进店人数800人、周末进店人数3000人、成交率50%的骄人业绩，令无数业内人士刮目相看，羡慕不已。

那么，“就试·试衣间”到底有什么秘诀能吸引众多消费者呢？它最大的优势就是彻底颠覆了传统服装店的经营理念，以提升消费者体验为中心，打造了一个女性消费者的造美乐园。就如它的名字一样，它是女性专属的试衣间，是女性展现美丽的天堂。

女性们来到“就试·试衣间”门前，需要购买5元的门票才能进店体验。很显然，这样的价格并不能阻挡绝大多数年轻女性追求时尚的脚步，反而更加调动起了她们的好奇心，使她们想要进店一探究竟。

进店之后，女性们可以在店内看到许多来自淘宝、天猫平台的原创品牌服装，还设有学院风、海洋风、巫女风、豪车风、泰迪风等11种不同主题风格的私人试衣间。每一个试衣间都设置了各种各样的玩偶、道具和梳妆用品，最大限度地满足女性挑剔的试衣需求。

在这些试衣间里，女性们可以随意试衣、走秀、自拍、看展览，接受一对一的专业形象指导。她们可以穿上少女装，抱着泰迪熊嘟嘴扮萌；可以穿上华丽的长裙，化身傲娇的小公主；也可以穿起名媛服饰，变成知性的女神。总之，她们在这里可以性感，可以清纯，可以狂野，可以清新可爱，可以淋漓尽致地展现自己最美的一面，并把这些拍成各种美照，分享给自己的闺蜜、同事和朋友们。

此外，“就试·试衣间”还会定期举办会员沙龙活动，会员们可以在专业老师的指导下练形体、走T台，体验一把做模特的感觉。

可以想象，每一位进入了“就试·试衣间”的女性都会变得更加美丽动人，在得到众多夸奖、赞誉的同时获得极大的满足感。那么，她们还有什么理由不购买店内的服装呢？

对于“就试 · 试衣间”在经营模式上的革新，“就试 · 试衣间”的创始人、曾在 2005 年荣获世界旅游小姐中国十佳的殷晓媛深有感触。她认为，在新零售时代，传统服装零售行业的弊端凸显，整个市场都将会面临重新洗牌的情景。所以，服装零售企业必须要做出改变，解构原有的服装零售模式，重新安排产业链的服务和消费关系，打造可以提升消费者体验的新零售模式。

在方便消费者购物方面，“就试 · 试衣间”也打通了线上线下。该店的服装、配饰、陈列、设计都可以销售，消费者只要扫一扫二维码就可以直接下单购买；在取货方面，消费者则可以自由选择自提或送货上门，真正实现了“所见即所得”。

在某次采访当中，殷晓媛说：“我们的实体零售店采用的是一种线下线上结合的体验方式，店铺的装修设计和活动设置满足了线下体验升级的需求。此外，我们还通过和创新实体零售运营服务商“洽客”合作，让线上线下、店内店外等不同场景下的支付、营销活动、会员管理等体验更流畅。”

除了在店内提升消费者体验外，“就试 · 试衣间”还试图把服务延伸到店外。为此，它引入了“洽客”这一新型零售工具。洽客的主要用途在于，首先，它关联了“就试 · 试衣间”的微信公众号，帮助“就试 · 试衣间”建立微商城，向粉丝推送各种促销活动；其次，“就试 · 试衣间”的店员可以通过洽客 App 与消费者接触，为她们提供贴心的不间断服务；最后，洽客的标签化管理功能能将消费者的偏好反馈给“就试 · 试衣间”的店员，帮助他们更好地推荐商品。

殷晓媛曾说：“在原有的实体零售业态下，零售商的服务只能实现实时传达。也就是说，顾客在店里的时候，什么茶水饮料都可以端出来，但是顾客离店之后，这个服务的关系就断掉了。”她希望在顾客离店之后，“就试 · 试衣间”的服务能有一个延伸。

“就试 · 试衣间”在服装零售领域大胆创新，准确抓住了女性爱美、并渴望展现美丽的心理需求，使女性消费者在购物的同时获得了极大的满足感和愉悦感，因而受到了广大年轻女性消费者的好评，大获成功，其不失为零售企业转型的一个参考和借鉴。

7.2.2 卡西欧："懂你"的智慧型门店

卡西欧是一个知名的日本手表品牌，其因质优价廉的产品定位而广受好评，取得了长足的发展。2016 年 11 月 6 日，卡西欧的智慧型门店在杭州湖滨银泰 in77 正式落成。作为天猫全球首家全渠道智慧型门店，它虽然只有 6 平方米，但融合了所有互联网技术和思维，实现了实体门店与虚拟天猫旗舰店的无缝对接。它最大的特点是通过游戏互动增强消费者体验，并实现引流。

据相关数据显示，从开店起到 2017 年 1 月，在不到两个月的时间里，卡西欧的智慧型门店就通过游戏互动的方式引流 1 万多人次，每天的客流量达到 300 人次，月订单量超过 200 单，月销售额更是高达 20 万元。卡西欧智慧型门店也因此成为手表行业向新零售转型的代表，吸引了众多消费者和业内人士的关注。那么，卡西欧智慧型门店为何会获得如此巨大的成功呢？具体地说，主要有以下三个方面的原因，如图 7-4 所示。

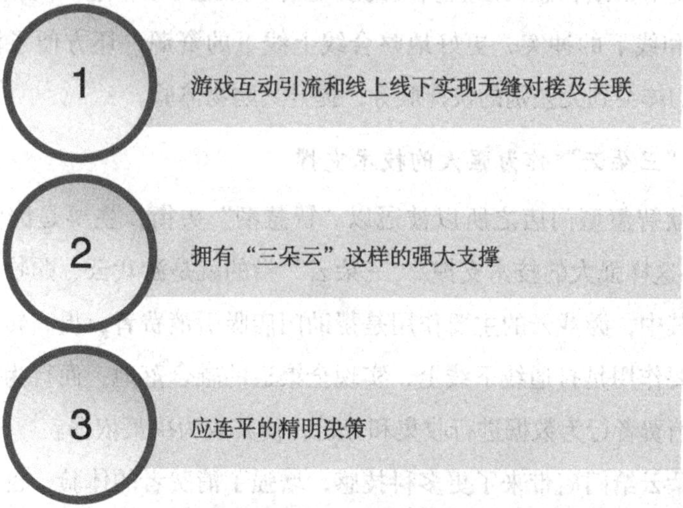

图 7-4　卡西欧智慧型门店成功的三方面原因

1. 游戏互动引流和线上线下实现无缝对接及关联

在卡西欧智慧型门店中有两块互动大屏，门店工作人员可以在这两块大屏中设置多屏互动游戏，吸引消费者进店体验。

在游戏的过程中，消费者可以实现多人在一个屏幕中互动，真切感受游戏的乐趣；商家也可以适时地与消费者进行沟通和交流，向消费者介绍卡西欧各种炫酷的手表款式，引导消费者购物。此外，该店还利用阿里巴巴提供的大数据技术，收集消费者参与游戏的相关数据并进行分析，以改进游戏，吸引更多的消费者。

卡西欧智慧型门店的两块互动大屏也不只用于游戏，它还可以把卡西欧的线下实体店和线上旗舰店做一个无缝的对接和关联，为消费者创造一个全新的消费场景。

在门店内，消费者只要用手机扫描购物大屏上的商品二维码，就可以直接看到卡西欧线上旗舰店内的同款商品页面。同理，如果消费者选择不在门店下单，那么，当他在电脑或 App 上下单时也能看到这款商品的数据正是来自于这家实体门店。

这就是卡西欧智慧门店所实现的线上线下无缝对接，这一模式不仅可以避免线上和线下的冲突，更好地整合线上线下的资源，还方便了消费者下单，使他们体会到无差别的快捷服务，提升其购物体验。

2. 以“三朵云”作为强大的技术支撑

卡西欧智慧型门店之所以被冠以“智慧型”头衔，主要是因为它拥有“三朵云”这样强大的技术支撑。“三朵云”指的就是游戏云、购物云和行为分析云。其中，游戏云的主要作用是帮助门店吸引消费者，提高转化率；购物云的主要作用是打通线下线上，实现全渠道的融合落地；而行为云的主要作用是对消费者行为数据进行收集和分析，使其成为决策依据。

这三朵云给门店带来了更多科技感，增强了消费者的体验，也帮助门店打通了线上线下，并精准把握消费者的信息。因此，为该门店提供技术服务的无锡创思感知科技有限公司营销总监李刚曾自豪地说："集合三朵云的智慧门店方案，加上英特尔先进的计算能力、物联网架构、图形交互技术、视感技术等，我们就可以帮助实体零售转型为全渠道智慧型零售。"

3. 应连平的精明决策

"卡西欧要变，因为消费者在变、市场在变，应该顺势而为。"这是卡西欧手表中国最大的代理商——络克（杭州）贸易有限公司总经理应连平所说的经典名言。正是他凭借敏锐的市场嗅觉和果断精明的决策，才使卡西欧这个品牌成为中国手表企业转型新零售的先驱和典范。

2016年，他在第一次听到智慧型门店的概念时，就立志要做第一个吃螃蟹的人。然后，他又用一顿午饭的时间说服了卡西欧中国区的总经理。两个月之后，天猫全球首家全渠道智慧型门店——卡西欧试点店就在杭州湖滨银泰in77正式落成。

据应连平自己透露，第一家卡西欧智慧型门店落成后，仅用了半年的时间，门店的库存周转效率便提升了20%~30%。大数据分析显示，有近10%的消费者在离店之后会在线上旗舰店下单。这说明，智慧型门店内的互动数据大屏已经成为新的流量入口。

2017年5月20日，卡西欧智慧门店2.0版正式亮相，这使卡西欧在向数字化、新零售转型的路上又迈出了坚实的一步。而这家智慧门店也引起了中国钟表行业协会的高度关注，该协会希望让应连平借助卡西欧的成功经验，带动整个传统钟表行业转型升级。

对此，应连平表现出了积极的态度，他说："未来，我们也在考虑一个'百店计划'，我也希望在创思感知、英特尔、天猫这样致力于技术创新的公司的支持下，我们能共同推动这个计划在中国落地。"

卡西欧打造智慧型门店，就是要通过店内的互动游戏给消费者带来愉悦的体验，利用多种科技手段给消费者带来新奇的感受，进而成功吸引大量消费者，使线下门店成为卡西欧新的流量入口，使品牌的科技感和知名度都大大提高。

7.2.3 日本罗森："充满人性"的数字化

在日本，罗森、全家和 7-11 是三家家喻户晓的便利店。随着新零售趋势的不断加强，这三家便利店也都开始积极向新零售转型。其中尤以罗森最具代表性，它最大的特点就是利用数字化技术给消费者带来极便捷的购物体验，实现了"充满人性"的数字化。

2017 年 3 月，罗森和松下电器达成合作，引进了松下研发的一种新数字化产品——全自动收银台。罗森又将这项技术与其原有的智能购物篮整合，从而为消费者提供了自助结账的服务。其具体操作方式如下。

1. 在罗森便利店中，每件商品的包装上都有一个 RFID 电子标签，而每个智能购物篮也都安装了一个扫描器。

2. 消费者在店内挑选完商品后，要先利用智能购物篮上的扫描器对商品进行扫描，再将商品放到篮中。此时，智能购物篮就会将商品信息（例如，价格、数量等等）记录下来。

3. 消费者在结账的时候，只需把智能购物篮放进罗森全自动收银机的狭槽当中，就会在结账屏上看到商品的总价，之后再选择付款方式进行支付。

4. 在消费者付款之后，智能购物篮底部就会自动打开，使商品落入已经准备好的购物袋中，待购物袋自动升起，消费者就可以取走自己购买的商品了。

罗森利用这项数字化、智能化的自助结账系统，简化了以往烦琐的结账过程，为消费者购物带来了便利，实现了"充满人性"的数字化。

此外，罗森还推出了夜间无人值守结账服务。这项服务已在 2018 年试行，并在 2019 年正式投入使用。实行这项服务后，消费者在晚上 12 点到次日凌晨 5 点期间，只要使用手机上的相应 App，就可以在超市进行自助购物，无须到柜台排队结账。

未来，罗森还将针对将商品放入购物袋未实现自动化这一弊端，努力打造将商品装袋的机器人服务系统，争取尽早推出自动装袋服务，从而实现结账服务的全程自动化。

对于这套结账系统，罗森社长竹增贞信（Sadanobu Takemasu）做出了展望，他说："这套系统将给更广泛的零售行业带来革命。"

在罗森的影响下，日本便利店行业也正迎来数字化和智能化浪潮，而这一浪潮也将推动便利行业的转型升级。对此，7-11和全家等便利店相继表示，将引入更多智能无人收银系统和自助结账柜台。

我们从罗森的案例中可以看出，其实除了给消费者带来新奇和愉悦之外，使购物过程更人性化、便捷化也是提升消费者购物体验的一个有效途径。零售企业应根据自身情况，选择合适的方式和手段，积极拓展思路、开拓创新，为新零售贡献更多的创意玩法，形成独树一帜的企业风格，做时代潮流的引领者。

7.3 培养新的购物习惯

新零售时代，零售企业既要满足消费者的需求，也要对消费者的购物习惯进行适当的培养和引导。如果满足消费者需求能使企业获得大量粉丝，提升品牌效应，为企业带来可观的利润，那么在潜移默化中培养消费者新的购物习惯，使消费者能主动适应自己的风格，则能帮助企业实现质的飞跃，牢牢占据市场的制高点，成就一个伟大的品牌。所以，企业要大胆创新，赋予品牌鲜明的文化特质和人性魅力，以吸引和感染消费者，由被动地满足变为主动地引导。

7.3.1 盒马鲜生：只接受App或支付宝付款

去过盒马鲜生门店的人都应知道，盒马鲜生在消费者结账时只接受支付宝和App这两种线上支付方式，而不接受现金付款。从表面上看，这种结算方式过于苛刻，似乎会将很多消费者拒之门外，可实际上这丝毫没有浇灭消费者购物的热情，其原因有三点。

第一，和盒马鲜生同属阿里巴巴旗下的支付宝经过多年的发展和积累，已经拥有了数以亿计的用户，成了百姓生活必中不可少的支付工具。在如今人人都有支付宝的大环境下，这种规定显然并不会成为人们光顾盒马鲜生的阻碍。

第二，盒马鲜生售卖着 103 个国家的超过 3000 种商品，种类齐全多样，质优价廉，还能为消费者提供多种服务，最大限度地满足消费者的需求。

第三，线上支付方式确实更加快捷方便，更受消费者欢迎。

所以，它规定的全面线上支付模式非但没有阻碍消费者购买商品的热情，还在一定程度上巩固和加深了消费者线上支付的购物习惯。

对于盒马鲜生来说，采用这种规定的优势还体现在以下三个方面：

1. 这种方式整合了线上线下流量，有利于门店收集到店购物消费者和在线上下单消费者的所有消费数据，从而获得更多有价值的信息，为实现精准营销提供依据；

2. 这种方式可以促使消费者主动安装盒马鲜生 App、支付宝 App，从而把更多的线下消费者吸引到线上，大幅度提升消费者的消费黏性；

3. 这种方式有利于门店进一步打通支付宝收银系统、支付宝电子价签系统和物流配送系统，使盒马鲜生的运营模式得以优化，提升消费者的购物体验。

此外，到盒马鲜生消费的消费者在使用支付宝或 App 的过程中会被系统自动注册为盒马鲜生会员，简化了其办理会员的手续流程，使盒马鲜生的会员成本大幅降低。

尽管之前一些法律专家对盒马鲜生强制消费者使用线上支付的方式提出了质疑，认为这种做法可能存在一些法律问题，但是使用移动支付已然成为一个不可逆转的潮流，质疑的声音很快就被时代潮流淹没了。相关政府部门也正是觉察到了因循守旧的弊端，认识到了创新的优势，所以对盒马鲜生所提倡的全面线上支付模式采取了默许和鼓励的态度。如今，盒马鲜生的门店已经覆盖了上海、北京、宁波、深圳等多个城市，未来也将会向更多的城市扩展。

盒马鲜生采用的这种全面线上支付模式可以帮助零售企业解决只能获得断点式客源数据的弊端，避免陷入信息孤岛，也有效地培养了消费者的线上支付习惯。

当然，盒马鲜生采取这种有些“任性”的支付模式的背后是阿里巴巴经过多年运营积累，通过大数据技术对消费者心理进行全面分析和掌握而形成的规模庞大的支付宝用户的有力支撑。所以，零售企业要想制定营销策略，培养用户的消费习惯，还是要谨慎行事，应结合自身实际情况，全盘把握各方面的信息，绝不可操之过急。

7.3.2 亚马逊实体书店：以数据、评价为导向的推荐模式

如今，互联网的发展强烈地冲击了传统实体书的销售。网络上充斥着浩如烟海的信息资料和电子书籍，人们只要随便动动手指或点击一下鼠标便可以尽情查阅书籍，获取知识。而且，人们的阅读习惯也从根本上被改变了。

在这种形势下，实体书店所面临的竞争是极其残酷的，其市场空间被严重压缩，还要面对大量电商的威胁。因此，很多人都认为实体书店的沉沦不可避免，它终究会随着时代的发展成为历史。

然而，当今却有一家企业逆潮流而动，竟然开起了实体书店，那就是著名的全球电商零售巨头——亚马逊。我们都知道，亚马逊是靠网络书店起家的。然而，如今它却把发展的方向转移到了线下，瞄准了实体书店。截至2017年，亚马逊就已在美国开设了10多家实体书店，而且都取得了不错的销售业绩。

那么，亚马逊究竟是如何做到的呢？原因就是它采用了以数据、评价为导向的推荐模式，在一定程度上改变了用户的购书习惯，从而实现了盈利。下面从五个方面对亚马逊的新零售模式进行说明，如图7-5所示。

图 7-5　亚马逊的新零售模式

1. 基于数据的消费者建议

亚马逊有着庞大且优质的数据库和消费者评价系统。基于这个强大的数据库和系统，亚马逊可以统计消费者的评分，为书籍进行综合打分（评分总分 5 分，畅销书一般在 4.5 分以上），并将消费者对相关书籍的评价数据及时在评论区进行更新（包括评价内容、评价的数量等），以此为消费者购书提供参考建议。

这样一来，就增进了消费者对书籍的了解，省去了很多找书的麻烦。久而久之，他们在购书之前往往就会先查一下已购买者对该书的评分和评价建议等，从而形成了一个以数据、评价为购买导向的消费习惯。因此，书籍的销售就会出现两极分化的局面，评分高的畅销书销量会猛增，而评分低的书籍则无人问津。

很显然，亚马逊在实体书店中摆放的全部都是评分高的畅销书。数据和购书消费者的评价会使大量消费者慕名涌入实体书店中，亲身了解书的质量和内容，再确定购买意向，这就为实体书店带来了大量流量，从而提升了销量。

2. 相关推荐

基于后台数据分析，亚马逊可以为消费者做相关书籍的推荐。例如，消费者在网上查找一本书，那么他就可以在该书的页面中看到买了这本书的人也买了哪些相关的书。当他在实体书店购书时就会突然发现，他想买的书旁边正好摆着另外几本相关的书。出于兴趣或者好奇，他就可能试读一下另外几本书，进而选择购买。

实体店依据相关推荐来摆放书籍，也进一步促进了书籍销量的提升。

3. 数据推动成员数目增加

亚马逊实体书店还有一个重要作用，它能推动亚马逊会员数目的增加，进而成为把线下流量引至线上的入口。消费者在亚马逊实体书店购书时，会利用相关设备对书上的条形码进行扫描。扫描后，他能同时看到自己所购书的原始价格和会员价格。如果消费者要买的书很多，且每本书的会员折扣各不相同，那么，消费者就会在选购的过程中比较原价和会员价的差距，体会会员的优惠力度，这样就会促使他办理会员。而在消费者成为会员后，亚马逊就会对他的购书喜好、习惯进行精准把握，为他推送相应的促销广告，促使其反复购书，成为自己的忠实顾客。

4. 解决书籍过多和资金占用的问题

亚马逊本身是一家电商平台，拥有大量的在线书籍。正因如此，它并不需要在实体书店摆放过多书籍来占用场地空间和资金，只需要打通线上线下，利用数据分析将当下热销的书籍摆放在店中供消费者购买即可。通常来说，亚马逊的实体书店只摆放 5000 本左右的书籍。

5. 门店租金较低

由于亚马逊实体书店所卖的书籍并不多，所以它并不需要太大的场地对书籍进行展示，一个几百平方米的门店便足够摆放书籍和为消费者提供阅读的空间了。所以，与以往动辄上千平方米的大型书店相比，它极大地降低了门店的租金成本。

我们从亚马逊开设实体书店的案例中可以看出，亚马逊成功的关键就是它利用数据、评价的导向作用，培养了消费者的购物习惯，并以此为基础，科学地布置店面，引导消费者进行购物，使实体书店为它带来了大量线下流量，提升了销售业绩。

零售企业培养用户习惯也要顺应时代发展的潮流，以给用户带来更好的体验为基础。其实，潮流也是由人来推动的，所以零售企业也不应固化自己的思维，被新零售的表象所蒙蔽，而要透过表象看清实质。就像亚马逊设立实体书店一样，它看似反潮流的举措却收到了很好的效果。所以，只有立足自身的发展情况，科学地进行变革，企业才能获得长足的发展。

7.3.3 三只松鼠投食店：实体店是用来体验的

说起坚果行业的电商，我们自然就会想到三只松鼠、百草味、良品铺子这三家企业。在巨大的零食市场中，这三家企业凭借自身强大的实力，已经形成了三“果”鼎立的局面。在这三家企业中，百草味和良品铺子都是从线下销售逐渐转为线上销售的，而三只松鼠则是依靠线上销售起家的。

最近，当百草味和良品铺子都在积极布局线上市场的时候，原本已在线上获得巨大成功的三只松鼠却将发展的方向转移到了线下，建起了三只松鼠投食店。

那么，它为什么要这么做呢？三只松鼠的创始人章燎原说道：“我们前前后后花了 10 个月的时间，为这个店到底怎样定位的问题做了很多思考：线下需不需要去？到底去线下干什么？线下的功能是什么？最终，我们得出了结论，线下实体店的销售功能，未来完全可以在线上实现，消费者到线下来就是体验产品的，仅仅具备销售功能的线下实体将没有必要存在。”

由此可见，三只松鼠开设线下实体店的思路清晰，目标明确，它就是要通过开设实体店给消费者带来更好的购物体验，培养消费者先体验后购物的消费习惯。因为零食市场的目标消费者多数都是些喜欢休闲娱乐、渴望轻松闲适生活的年轻人，所以三只松鼠的这一举措无疑迎合了这类年轻人体验快乐的需求，从而能使自己赢得更多消费者的青睐。

正是基于这一思路，章燎原并没有把三只松鼠的线下实体店命名为门店或体验店，而是别出心裁地将其命名为“投食店”。这个看起来诙谐活泼、充满童趣的名字，很快便赢得了大批年轻消费者的好感，调动起了他们的好奇心。

三只松鼠投食店的一切布置和设计也都是围绕这样的思路进行的。

首先，店内的工作人员也同样都是些活泼、开朗，充满阳光的年轻人，他们会穿着统一的卡通服装，在腰间别上一个装满了玩具和试吃包的投食袋，热情地与前来光顾的消费者进行互动，为他们推荐食品。

其次，店内的零食也都经过了店员的精心筛选和试吃，保证能符合大多数年轻人的口味，而该店对零食的命名也非常新颖有趣，如“甲乙饼丁”“战斗民族面包”“贵妃好酥”等。

再次，店内还专门设置了“水＋轻食”餐饮区。餐饮区的场景布置正是按照三只松鼠这一主题进行的，在餐饮区内有大树、绿草、木屋等。消费者置身于此，仿佛进入了一个童话世界，而其中的餐饮设备也一应俱全，如咖啡机、装满坚果的管道等。在餐饮区的坚果管道共有 10 根，每根的长度为 3 米，消费者只要把管道上的阀门打开，就可以用纸杯接住掉下来的坚果。

最后，店内还时常会举办一些面向线下消费者的活动，如音乐会、Cosplay 舞蹈会等。

有了如此精心的布置，消费者的体验得到了提升，慕名前来光顾的消费者络绎不绝，门店的业绩也就水涨船高。

在2016年国庆节期间，三只松鼠投食店安徽芜湖店开业仅一周，进店消费的人数就多达5万，总销售额更是超过了110万元。

三只松鼠投食店的成功，使其品牌知名度得到了极大的提升。未来，三只松鼠将不再满足于在坚果行业的成就，而是走多元化发展的道路，向“大健康、大娱乐、大品类、大消费”迈进。

我们从三只松鼠的案例中可以看出，增强消费者体验功能将是实体店发展的一大趋势。未来，随着大量体验型实体店的涌现，消费者先体验、后购物的消费习惯会逐渐形成，零售企业也应根据行业的发展方向做出相应的调整，以适应未来发展的需要。

7.4 通过社交功能提高黏性

“有人”还是“无人”，向来是新零售争议的焦点之一。其实，无论“有人”还是“无人”，关键是要看企业的性质和市场需求。对于“有人”，企业应突出服务性，要能与消费者进行更加深入的沟通；对于“无人”，企业应突出便捷性，要使消费者更快地拿到商品。因此，企业必须根据自己具备的优势做出选择。如果不能很好地发挥自身优势，无法给消费者带来好的体验，那么我们谈论“有人”或“无人”也就没有任何意义了。

很明显，在社区新零售市场，零售企业要做的就是“有人”，要充分利用社群和社区拉近企业与消费者的距离，给消费者送去最贴心的服务，提高消费者黏性，将“有人”的作用发挥到极致。

7.4.1 与消费者建立有温度的连接

如今，很多零售企业都选择利用社群进行品牌推广和营销，营销效果的好坏就取决于其对社群经营和维护得如何。那么，零售企业怎样才能将社群经营和维护好呢？关键就是要与消费者建立有温度的连接。

显然，消费者加入一个社群必然是有自己的想法和诉求的。如果他处在一个社群里，看到的全是千篇一律的广告，完全感受不到企业的热情和诚意，那么他也就没有在社群里待下去的必要了。所以，企业要想经营好社群，就要使消费者感受到温暖，认识到企业的价值。在这里，零售企业需要重点向消费者体现以下三点价值，如图 7-6 所示。

图 7-6 零售企业需要重点体现的三点价值

1. 消费体验价值

在新零售时代，零售企业之间的竞争将会在消费体验上展开，哪家零售企业能够开拓更多的功能，能够在服务细节上做得更加完美，更加人性化，能给消费者带来更好的体验，哪家企业就会在竞争中取胜，获得更好的发展。例如，三只松鼠会在其出售的坚果中附赠给消费者一包湿纸巾和一个开果工具，这个看似很普通的服务细节，却给消费者带去了实实在在的便利，能使他们感受到商家的体贴和用心。这就是企业为消费者带来的消费体验价值。

其实，在很多情况下，消费者所关注的未必就是企业产品的价格和质量，有时候企业的一个暖心的小举动也会获得消费者的感动和认同，从而收到良好的效果。企业在经营社群，拉近自身与消费者的距离时，尤其要注重这一点。

2. 商品价值

商品是企业的基础，商品质量是企业发展的生命线。如果企业的产品没有做好，那么即使它的营销做得再好，也只能是空中楼阁、镜花水月，毫无用处。因此，零售企业展现商品价值便是其向消费者解答他们最关心的问题、展现企业竞争力的有效途径。

这就要求企业去了解和把握消费者的各种需求，以他们的需求为导向来生产商品。这样，企业的产品才会受到消费者的欢迎。此外，零售企业还应在摆脱商品同质化方面下功夫，努力挖掘顾客潜在消费需求，开发出个性化、差异化、高附加值的产品，使产品适应更广泛的消费人群，获得更多消费者的青睐。

3. 情感价值

企业要重视对消费者的情感投入。我们时常会看到一些百年老店，它们为何能经久不衰？其实，它们就是通过长期积累沉淀，使消费者在日复一日、年复一年地使用产品的过程中，对品牌产生深厚的感情，将它转化为一种岁月的符号、情感的寄托。这就是企业所体现出的情感价值。

零售企业要增加产品的情感价值，就要着力塑造产品的品牌特点，使其形成一种鲜明的风格，并通过各种各样的宣传手法巩固加深这种风格，给消费者留下深刻的印象，让他们受到感染，进而投入感情，最终使他们对品牌的感情超越产品本身的使用价值。

下面以著名的商业零售连锁集团——胖东来为例具体分析。

1. 免费的服务项目

在很久之前，胖东来便在商场中向消费者提供多种免费服务，如免费裁衣服、免费维修手表、免费维修电器等。即使消费者并未在商场中购买商品，也可以享受到这些服务。这些免费服务规格不大，也并不高端，但能满足消费者的日常生活所需，为消费者带去实实在在的便利。而且，这些服务贴心且周到，体现了商家的诚意，从而帮助胖东来提升口碑，赢得了更多忠实的顾客。

2. 独特的产品介绍和产品摆放

胖东来的店面布置和产品摆放也独具特色，凸显了企业的用心。胖东来店内所有电子屏幕上播放的都是能迎合大多数人品位的趣味短片、能提供时事热点信息的新闻联播，或者能提升企业形象的胖东来企业文化VCR，而普通的商业广告则被禁止播放。

胖东来店内的墙面也没有被用来张贴广告，取而代之的是相关产品的普及性知识介绍。例如，在售卖洗衣机的场地旁，消费者会看到一面从世界第一台洗衣机产生到目前洗衣机在全球发展状况的“历史墙”。

此外，胖东来还特地从全国各地搜罗了很多历史旧物，将它们摆放在商场里，供消费者参观。例如，它在电子产品区域设置了手机、单反机身、镜头等展示区，向消费者展示了相机的发展历程，唤起了很多人的回忆。

在产品摆放方面，胖东来柜台中的商品被摆放得格外整齐细致，精细到连商品的摆放方向都是一致的。乍看上去，那些商品就好像被喊了向左向右看齐的口号一样。

通过这诸多细节，我们能深切体会到胖东来对提升消费者体验的不懈追求。它深知消费者对寻常的商业广告早已熟视无睹，无法获得好的消费体验，而趣味短片、新闻联播和商品介绍等则更能愉悦消费者，或给消费者带来更有价值的信息，引起消费者的兴趣，满足消费者的需求。它又通过精心的布置，把商场变成了博物馆，变成了艺术品的长廊，为消费者提供优美的文化体验。

3. 开放的环境

胖东来是坦诚、开放、大度的。通过它开放的环境，我们就可以看出一家企业真诚无私的胸襟。

如今，在绝大多数商场，如果有人拿着单反相机四处拍照，他很可能就会被认为是在剽窃商品机密，或被制止，或被清走，或被删除照片、没收相机等。因为很少有企业会愿意将自己的经营模式和方法分享给其他人。然而，胖东来却并非如此，它以开放的姿态欢迎所有前来取经的同行们，不仅任由人们拍照，还把自己的资料全部公开，其中包含了企业文化手册、标准手册和视频资料等。对于那些前来学习经验的创业者，胖东来的员工也做到了以诚相待，将自己所知道的倾囊相授。正是这种豁达的态度赋予了胖东来一种人格魅力，也感染了很多消费者，使他们成了胖东来的忠实粉丝。

4. 解决后顾之忧

胖东来通过贴心优质的售后服务，为消费者解决了后顾之忧。消费者在胖东来购买大多数商品，都是可以享受 7 天内无条件退货服务的。甚至在胖东来电影院，如果消费者对电影感到不满意，都可以在电影结束后的 20 分钟内退票。

“这是中国最好的店！”连锁经营协会会长郭戈平曾这样评价胖东来。而它能赢得这样的赞誉，也的确实至名归。

通过种种体贴的、饱含诚意的细致服务，胖东来向消费者传达出了真诚、贴心、顾客至上的服务理念，它会化作涓涓细流流淌进消费者的心里，与他们建立起有温度的连接。这样的做法似乎比那些花费重金打出的广告更能打动消费者的心。

7.4.2 耐克：打造跑步社群，培育跑团文化

古语云：“功夫在诗外。”这句话的含义就是，一个人要想学会写诗，不能仅仅把关注点放在诗本身上，要把更多的工夫用在对知识的掌握、对人生的感悟，以及对社会经验的积累上。这样，这个人写出的诗才会引起大众的共鸣，获得更多人的欣赏。

这个道理除了用于写诗以外，对企业经营也同样适用。全球著名的运动品牌耐克无疑就深谙个中道理，它除了深耕产品之外，还把更多的工夫用在了社群运营上。它通过打造跑步社群、培育跑团文化来塑造企业理念，使年轻人在积极参与跑步运动的同时，将耐克的理念发扬光大，因而取得了非常好的反响。

早在 2006 年，耐克便正式推出了“Nike+ Running”应用程序。这款应

用程序有很多功能，用户可以用它来记录跑步的里程，也能通过它来接受专业教练和顶尖运动员的指导和建议，让他们为自己制订训练计划。

更重要的是，经过多年发展，随着用户数量的不断增多，“Nike+ Running”如今已经成长为广大跑步爱好者分享经验、相互鼓励、深度互动的数字社区。在这个社区里，耐克会通过各种活动向社区中成千上万的跑步爱好者们传递耐克的产品理念，教授各种运动技巧，从而构建起了以耐克为中心的跑步社群。

此外，耐克还在2013年发布了名为“NikeRunClu”的官方微信，旨在为微信用户提供最便捷的跑者指南以及跑者集结功能。此官方微信一经发布便广受欢迎，获得了1000多个以跑步为主题的微信群的积极响应。

有了跑步社群作为基础，耐克便在此基础上积极培育它的精神内核——跑团文化。其实，跑团是在欧美一些跑步运动发达的国家中兴起的，后来经过长时期的发展才慢慢演变成一种独具特色的跑步文化。耐克正是敏锐地发现了跑团文化背后的商机，通过对跑团的长期支持与帮助，使自身品牌理念与跑团文化完美地融合在了一起。

在中国，耐克也资助了一批带有鲜明特点的跑团，如北京的Hey Dash、上海的DarkRunners等。这些跑团都具有时尚、前卫、健康、阳光的特质，受到了大批年轻人的追捧。而耐克在推广跑团文化的过程中，也“间接”地推广了自己的品牌。

因此，在跑步运动的发展过程中，耐克始终都是以推动者的身份出现的，它秉承着“只要你拥有身躯，就是一名运动员”的理念，鼓励更多人参与到跑步这项运动中来。在跑步运动快速发展的同时，耐克的品牌影响力也随之得到了快速提升。

我们从耐克的案例中可以看出，零售企业构建社群，加强与消费者的交流，就是要把企业的品牌理念与时下的潮流相融合，通过各种营销手段来塑造品牌形象，提高消费者黏性。

第 8 章　营销建设：新零售时代下的新营销模式

新零售之所以称为“新”零售，除了在产品生产、渠道建设、体验建设方面有新颖之处外，在营销方面也有新的模式。新零售时代的新营销与过去的营销相比有三个显著的不同点。

第一，新零售时代的营销已经从天天在朋友圈刷屏的盲目推销转变成了引导消费者的认知，例如，让消费者了解如何买得好、买得实惠、买得有价值等，从而让消费者相信你，建立信任体系，进而成为你的忠诚粉丝。

第二，新零售时代的营销从营销商品转变成了营销顾客。过去，很多零售商的经营总是以商品为中心，以价格为主要营销手段。在这种营销模式下，零售商与顾客之间的关系是非常松散的。如果你的商品搞特价，我就是你的顾客，否则我就成了隔壁家的顾客。所以，这种松散的关系很容易导致顾客的流失。而新零售时代的营销是以顾客为中心的，企业需要不断听取顾客的心声，研究顾客的喜好、需求以及追求。这样，零售商与顾客建立的关系就非常紧密而不容易被剥离。

第三，新零售时代的营销从单一模式转变成了多元化的营销模式。在新零售时代，消费者的消费场地包括商场、购物中心、便利店、移动端、自媒体、微信朋友圈、微博、智能终端、VR 等。多元化的消费场景带来了多元化的新营销。如全域营销、跨境营销、内容营销、微营销等。

8.1 全域营销：以消费者为核心的智能营销方式

2016 年的“双 11”非常不寻常，除了天猫取得日销 1207 亿元的华丽数据之外，还成了线上线下和物流高度契合的新零售的新起点。数以百万计的门店实现了线上线下互通；近 10 万家门店开始进行电子化变革；作为底层服务的大数据，为零售商和消费者构建了高度个性化的消费场景。面对这种商业模式的全面革新，全新的全域营销模式应运而生。

2017 年 4 月 24 日，在“2017 新网商营销大会”上，针对全域营销这种新型的营销模式，阿里巴巴数据营销策略中心的总经理陆弢表达了自己的看法：“全域营销是在新零售体系下以消费者运营为核心，以数据为能源，实现全链路、全媒体、全数据、全渠道的一种智能营销方式。”人是营销的起点，全域营销通过智能营销的方式，运营品牌和消费者的关系。这也是最符合新零售时代营销要求的营销模式。

8.1.1 全链路

谈起新零售，不少业内人士都认为，它只会对零售终端产生影响，事实真的是如此吗？其实不然，因为除了零售终端之外，新零售还会影响整个供应链。对于零售企业而言，只有实现了整个供应链的贯通和联动，才能最大限度地保证运营效率并降低综合成本。可以说，没有新供应链就不会有新零售。那么，这里所说的新供应链究竟是什么呢？其实它就是全域营销当中的全链路。

新零售时代，零售企业不仅要改变生产模式，还要改变营销模式，而实现全链路营销就是改变营销模式的第一步。

全链路包括两个方面的内容：一是从整个品牌管理维度出发，企业要实现品牌策略、传播、运营和数据沉淀的全链路；二是从品牌和消费者关系的维度出发，每个消费者在做决策时都有一个网状的、立体的和个性化的决策链路。在这里，我们强调的不是消费者决策路径的个体性和线性趋势，而是消费者对品牌的认知、兴趣、购买欲，以及忠诚度。

全链路营销要求企业把产品的所有推广链路都利用起来。整个推广链路由三大步骤组成，如图 8-1 所示。

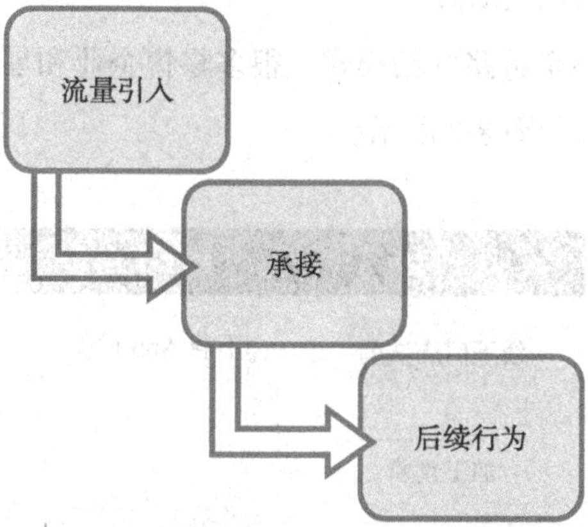

图 8-1 整个推广链路三大步骤

第一步，流量引入。顾名思义，流量引入就是将流量引入店铺。这个步骤的关键就是根据不同的用户群体，采用不同的定向策略引入流量。

第二步，承接。承接是指在流量进店后进行的一系列行为及动作，如顾客关注、收藏、加购物车、直接购买等。

第三步，后续行为。后续行为是指当顾客对店铺或者商品产生了关注、收藏、加购物车、直接购买等行为后，企业针对如何管理及引导消费者产生更高的转化和销售额等问题所做出的一系列行为。

那么，对于零售企业来说，全链路营销应该如何实现呢？国内对新零售探索较为成功的案例当中，盒马鲜生可以说是非常典型的一个，其全链路营销模式值得广大零售企业和零售商学习及借鉴。

1. 从消费者体验着手，进行全链路营销

在创始人侯毅看来，盒马鲜生的定位不是超市，也不是便利店、餐饮或菜场，而是数据和技术驱动的新销售平台。当然，也正是他的这种想法，才造就了盒马鲜生的全链路营销模式。

为了更好地实现“3R 体系”目标，盒马鲜生还制定了详细的“五新战略”。“幕后老板”阿里巴巴也从多个环节为其提供了强有力的资源支持，如现代物流技术、大数据驱动、完善的供应链等，这些支持也都是盒马鲜生实现“全链路”营销的强大动力。

对于盒马鲜生的全链路营销模式，很多零售企业和零售商可能并不是特别了解，其营销模式如图 8-2 所示。

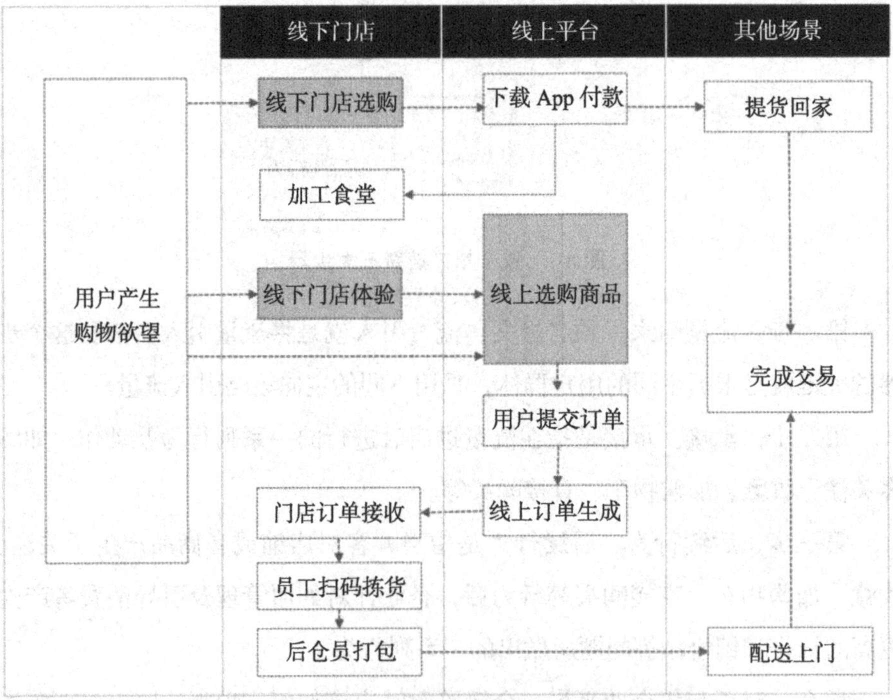

图 8-2　盒马鲜生的全链路营销模式

我们从图 8-2 中可以发现，盒马鲜生用户的购物流程是这样的：用户产生购物欲望后，会选择线下门店或线上平台这两种渠道购买商品。具体地讲，用户可以去线下门店直接购买商品并自提回家，也可以把购买的商品交给盒马鲜生的后厨进行加工，然后在大堂食用，或者先到线下门店体验之后再到线上平台订购。

对于盒马鲜生来说，“3 公里 30 分钟送达”无疑是一个非常关键的承诺，要想顺利兑现这一承诺，就不能浪费任何一分一秒。这也就意味着，一旦生成订单，扫码、拣货、传送、打包、配送等各个环节都必须有序且高效。这就需要扫描枪、二维码、传送滑道等相关技术的助力。

此外，盒马鲜生还十分重视粉丝的力量，积极通过与粉丝互动进行营销。它的线下门店会定期或不定期地举办各种粉丝交流活动。例如，家长们可以带着自己的孩子到门店做蛋糕，然后把做好的蛋糕拿到线上去分享和展示。这些粉丝交流活动不仅可以促进商品销量的提升，还可以在很大程度上增强粉丝黏性。

2. 通过堂食区提升消费者的消费体验

为了增加消费者的消费场景，盒马鲜生设计了堂食区这种体验空间。这也使盒马鲜生完成了从商超到餐饮的市场空间转化。来盒马鲜生消费的消费者都可以把自己选好的新鲜海产交给餐饮区的后厨进行烹饪加工，然后只需稍作等待就可以坐在堂食区享用美味了。

实际上，“超市 + 餐饮”这种经营模式并不是一时兴起的突发奇想，而是经过慎重考量的商业策略。生鲜商品是盒马鲜生的主要盈利部分，盒马鲜生会为消费者提供加工服务，加工服务的价格往往是能为大部分消费者所接受的，所以这类商品非常受欢迎。此举不仅能吸引流量、提高门店人气，而且还可以提升消费者的消费体验，可以说是一举两得。

3. 店内安装的传送滑道提升供货销量

传送滑道被安置在店内顶部，连接了商品陈列区和后仓，其主要作用就是快速传送消费者在线上订购的商品。工作人员一旦接到线上订单，就会马上开始拣货，再通过滑道将货品输送到下一位工作人员那里。当完成拣货之后，货品就会被迅速传送到后仓进行打包和配送。

传送滑道的设计不仅可以节省大量人力物力，更关键的是它还可以将线上订单传输到后仓进行打包所需的时间压缩至最短，从而保证线下消费者的现场体验，这样线上线下就可以实现真正意义上的并行运作、互不干扰。

从选购商品、陈列商品、拣货操作、传输系统，一直到配送到家，每个环节都经过了细致的思考和精心的设计。当然，这也是盒马鲜生能成为新零售领跑者的重要原因之一。

总之，全链路确实是零售企业向新零售转型的必经之路。在这种情况下，零售企业就应该抓紧时间，尽快实现整个供应链的贯通和联动，只有这样才可以提高自身的竞争优势，从而跟上新零售时代的步伐。

8.1.2 全媒体

在传统媒体的时代，信息传播的主要媒介只有报纸和电视。但是，自互联网崛起以来，报纸和电视这两大主要传媒渠道的地位似乎受到了威胁，与之相对的是互联网作为一个新兴的传媒渠道得到了快速发展。近年来，随着移动互联网的逐渐普及，移动传媒渠道也受到了各企业和商家的高度重视。在这种情况下，报纸、电视、互联网、移动互联网就发展成了当前主要的传媒渠道，简称“全媒体传播渠道”。

基于此，越来越多的企业希望能够建立自己的全媒体传播渠道。当然，其中也有不少企业已经利用全媒体传播获得了成功。以海尔集团为例，该集团围绕着微信、微博等平台建立了自己的全媒体矩阵。据相关数据显示，海尔集团的微信账号数量已经超过了 200 个，微博账号数量也超过了 160 个。由此看来，在建立全媒体传播渠道方面，海尔集团确实下了不少功夫。

但对于零售企业来说，只建立全媒体传播渠道是远远不够的。因为如果营销跟不上，即使全媒体传播渠道建立得再完善，也无法获得良好的传播效果。那么，零售企业应该如何做好全媒体传播渠道下的营销呢？美宝莲这一经典案例似乎可以给出很好的答案。

有一次，Angelababy 应邀出席美宝莲的新品发布会，不料被堵在了半路上，眼看就要迟到。在被堵的这段时间里，一位随行的工作人员想出了一个好办法，他通过手机直播的方式向观众展示 Angelababy 赶往现场的实时情况，吸引了众多粉丝的关注。

顺利到达现场以后，Angelababy 又在直播中向粉丝们介绍她每次都是怎样涂口红的。这不仅让 Angelababy 获得了更多的粉丝，也为美宝莲带来了大量的顾客。此外，在此次直播当中，美宝莲还为观众提供了“边看边买”服务，使观众可以在直播过程中随时购买美宝莲的最新产品。

不仅如此，在同一个直播画面上，还有其他 50 位美妆网红也在向观众展示美宝莲的新产品。如果观众想要购买新产品，只需要直接点击直播页面上的购物车标志，便可将其放入购物车内并进行支付。据相关数据显示，在此次直播的两个小时内，美宝莲新品的销量就已经达到了 1 万支，与此相关的微博话题更是获得了 4000 万流量。这样的数据不只让美宝莲的高层震惊，也让其他美妆品牌感到不可思议。

在此次直播的助力下，美宝莲不仅得到了极高的关注度，而且还获取了很多非常有价值的一手数据，如消费者偏好数据、从流量直接转化到销量的数据等。有了这些一手数据，美宝莲就可以制定出更加有效的市场营销方案，还可以设计出符合消费者喜好的产品，从而加强了与消费者的联系。

美宝莲充分利用了手机直播这一新媒体渠道。为了做好营销，美宝莲不仅邀请了当红人气明星 Angelababy 和 50 位美妆网红，还为观众提供了“边看边买”服务，可谓是“新媒体传播渠道＋营销”模式的代表。其最终的营销成果也证明，这一模式确实能收获非常不错的效果。

由此可见，在进行全媒体营销的过程中，零售企业不能只是重视全媒体传播渠道的建立，还要考虑营销手段的选取。只有将二者有机地结合在一起，才可以像美宝莲那样从多个方面实现收益，进而保证自身产业的健康发展。

8.1.3 全数据

互联网时代，全数据的应用在企业营销中是必不可少的，它是新零售的基础和重要工具。它的价值主要体现在以下两个方面。

1. 带动业务的增长

对于新零售企业来说，以大数据作为驱动的营销取代传统的营销方式，会使营销变得更加简单。企业采用大数据技术将数据渗透到营销渠道的所有环节，能够极大地提高营销效率，带动业务的增长。以盒马鲜生的第一家店——金桥店为例，在 2017 年，其线上部分的销售额就已经超过了全渠道销售额的 50%。对于一家实体店来说，这样的营收比例是难以想象的。这说明其利用大数据技术对线上消费者进行了成功的营销。

2. 更好地服务用户

大数据所服务的对象体现在两个方面：一是它服务于企业内部，使企业实现真正意义上的数字化管理；二是它服务于消费者，能使企业充分且精准地挖掘消费者的需求，保证为消费者提供个性化和多元化的服务。

从大数据技术帮助企业进行内部管理的角度来看，数据技术可以帮助企业实现信息传输的即时性，使供应链的各个环节都能以数据的方式表示出来，使决策者更直观、更快速地看到企业各部门的运营情况，最大限度地简化上传下达的烦琐流程，提高企业的运营效率。

从大数据技术优化对消费者的服务来看，零售企业可以通过对消费者进行算法测算，分析他们的兴趣爱好，有选择地向他们推荐产品，实现对产品的个性化营销。此外，大数据还可以使企业了解消费者对产品的使用情况，通过数据的反馈更好地优化产品和服务。

如今，作为新零售的标志，大数据技术已被众多企业广泛采用，我们就以知名服装品牌 Zara 为例进行简要讲解。Zara 对数据的有效运用主要体现在以下三个方面，如图 8-3 所示。

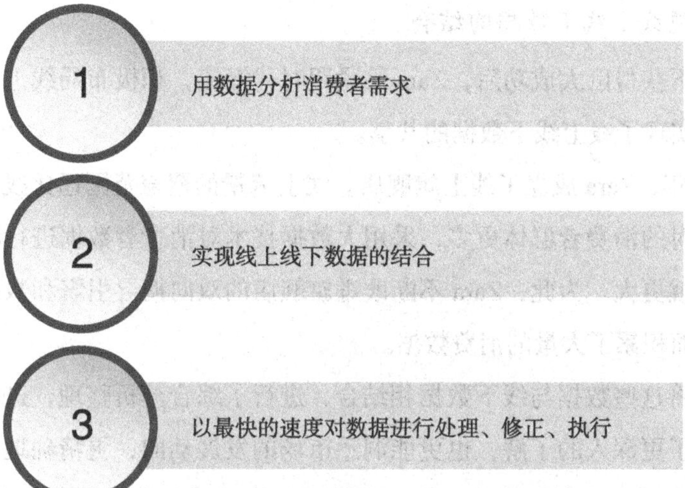

图 8-3 Zara 进行“数据”营销的三个重要方面

1. 用数据分析消费者需求

为了获取精准的消费者数据，Zara 在其线下实体门店内的各个角落都安装了摄影头，用来收集消费者在货架前挑选服装时的每一个动作。而店长也会随身带着 PDA，可以在与消费者沟通的过程中，对消费者所提出的问题和意见进行记录。通过这些途径，Zara 门店成功收集到了很多消费者的购物数据。

当将大量数据被收集整理好以后，店长会将其上传到 Zara 内部的全球资讯网络系统当中。Zara 总部的工作人员就会对数据进行整理，分析大多数消费群体对衣服图案的偏好、对衣服细节的要求等，再以此作为依据，设计出符合消费者品位的服装，并经由总部审核决策，将设计方案第一时间送到生产线生产，迅速投放市场。

采用大数据技术不仅能使 Zara 的服装迎合市场需求，受到消费者的欢迎，还可以使 Zara 的存货率大大降低，减轻仓储压力。此外，根据这些消费者数据，Zara 还能分析出流行趋势，从而在确定服装的颜色、款式等流行元素时，做出与消费者需求最接近的市场预测。

2. 实现线上线下数据的结合

在线下获得巨大成功后，Zara 又紧跟时代潮流，积极布局线上，打通线上线下，实现了线上线下数据的共享。

2010 年，Zara 成立了线上旗舰店。线上流量的覆盖范围远比线下流量更广，其面对的消费者群体更多，采用大数据技术对消费者数据进行精准分析的意义也就更大。为此，Zara 不断改进旗舰店的双向搜寻引擎和数据分析等功能，从而积累了大量的消费数据。

Zara 将这些数据与线下数据相结合，进行了综合分析整理，进而对消费者群体有了更深入的了解，也更能洞悉市场的发展动向，更精确地找准目标市场，为线下实体店提供前测指标，并设计出更受消费者欢迎的服装款式。相关数据显示，线上旗舰店已经为 Zara 增加了 40% 左右的盈利。

此外，Zara 还利用线上旗舰店作为平台，广泛征集消费者意见，再利用从网络快速获取的时尚资讯，及时把握时尚潮流，为消费者提供各种时尚穿搭建议，从而进一步促进和引领时尚潮流的发展。

3. 以最快的速度对数据进行处理、修正、执行

众所周知，大数据的作用就是缩短生产时间，让企业的生产端能针对消费者意愿和市场变化快速应变，跟上市场发展的潮流。但是，再好的技术也是由人来应用的，如果零售企业对数据的处理、修正和执行做得不好，效率低下，那么大数据技术提升企业运营效率的优势也就无法体现出来。

Zara 正是深刻认识到了大数据技术的特点和优势，从而改进了企业的运营方式，实现了以最快的速度对数据进行处理、修正和执行。为此，Zara 不只将数据应用到了生产端，还将其应用到了各个部门当中，如行销部、设计部、客服中心等，利用数据计算出各个部门的 KPI，从而用数据完成了对内部各部门的垂直整合，极大地缩短了各部门沟通流程的时间，提升了运营效率。例如，企业生产一批服装，从打版到出货至少需要一至两个月的时间，而 Zara 则只需要两周左右就可以完成。

此外，为了进一步压缩内部信息沟通的时间和成本，Zara 将产品设计和生产都集中在其总部所在地西班牙。这就使管理变得更加快速有效，避免了将工厂设在世界各地所造成的管理松散、沟通迟缓等问题。

通过对大数据技术的完美应用，Zara 最大限度地降低了成本，增加了销量。对比另一家服装品牌 LVHM 和 Zara 的财务年报，我们就会发现，LVHM 平均每件商品的价格接近 Zara 的 4 倍，而 Zara 的税前毛利率却要比 LVHM 高很多。这也就意味着，相对于 LVHM，Zara 以更低的商品价格获得了更丰厚的利润。

我们从 Zara 的案例可以看出，在对新技术的应用方面，零售企业的决策者应该思路清晰明确，不能盲目追随潮流，而要对新技术有充分的了解和把握，做到有的放矢，这样才能将新技术的优势最大限度地发挥出来。

8.1.4 全渠道

全渠道营销是指企业营销不再局限于传统的单一渠道，而是利用一切可以利用的渠道进行营销，其中包括微博、微信、论坛、QQ、App 等线上渠道和各种线下渠道。全渠道营销是营销方式变革中的重要一环，也是未来营销的方向。因此，零售企业要做好全渠道营销需要把握好三个关键点，如图 8-4 所示。

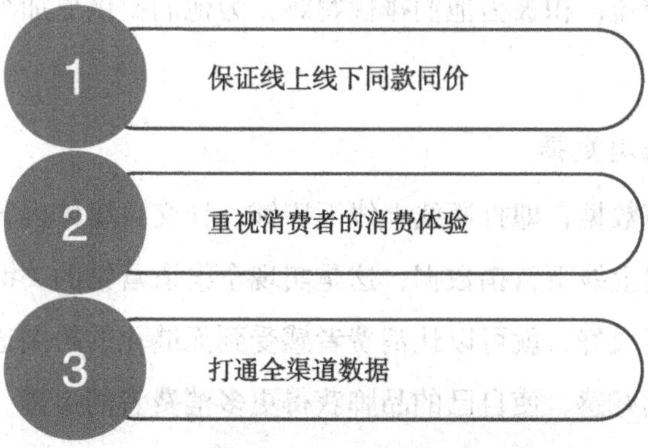

图 8-4　实现全渠道营销的三个关键点

1. 保证线上线下同款同价

整合线上线下资源，保证线上线下产品的同款同价是零售企业实现全渠道营销的重要手段。在新零售时代，消费者的需求更加苛刻，他们渴望能够获得更好的消费体验和更优质的服务。如果消费者发现同一家店铺的相同产品在线上线下的价格和服务差别很大，那么他们自然就会怀疑商家的诚信。相对于价格低、服务好的一面来说，其价格高、服务较差的一面就会给消费者带来极为不好的购物体验。即使实际上其服务和价格未必很差，但是这种比较所产生的负面效果也总是会让人印象深刻。

所以，零售企业就应改变传统思维，不应将线上线下分开运营，而是要将它们打通并整合在一起，统一核算成本和利润，保证线上线下的产品同款同价，以真诚的姿态面对消费者。

2. 重视消费者的消费体验

重视消费者的消费体验是企业实现成功营销的基础。如果消费者在购物的过程中获得了快乐愉悦的购物体验，精神需求得以满足，他们自然就会对品牌产生好感，认为这个品牌正是自己所要找的，是最适合自己的，进而成为品牌的忠实粉丝。

零售企业要认真分析消费者群体的需求，使自己的品牌理念和价值观与消费者的观念完美契合，为他们营造轻松闲适、充满乐趣的购物氛围，加强与他们的互动交流，积极为他们排忧解难，为他们提供更加个性化的产品和服务。

3. 打通全渠道数据

打通全渠道数据，即打通线上线下店铺、社交自媒体内容平台、线上线下会员体系、线上线下营销数据，这是实现全渠道营销的关键步骤。企业若能将这一步骤完成好，就可以让消费者感受到无缝化的跨渠道购物体验，从而加深对品牌的好感，使自己的品牌获得更多消费者的追捧。同时，企业的影响力和产品销量也会得到跨越式的提升。

马克华菲创立于2001年，是一家注重原创设计的服装零售企业。发展至今，它先后开发出了五个不同风格、不同定位的产品品牌，在全国各大城市开设了1500多家门店，实现了一、二、三线城市全覆盖，形成了自营渠道和加盟分销商共同发展的营销体系。2016年，马克华菲正式开始尝试全渠道销售。为此，它对参与全渠道销售的门店店员进行了系统培训，并要求每一位店员都要在手机上安装“千牛店掌柜”App，以便实时了解线上信息，及时沟通交流，为消费者提供线上线下无差别的服务。

在马克华菲的全渠道销售门店中，进店购物的消费者在选好合适的服装后，可以通过扫描服装标签或店员手机中的二维码进入App，从而在线完成购买或将心仪的服装添加进购物车，享受与线上旗舰店相同的促销折扣，获得快捷便利的购物体验。当消费者发现门店中并没有自己想要的服装款式，或发现自己喜欢的服装缺色断码时，他也可以在店员的推荐下扫描二维码，进入马克华菲线上旗舰店，在线选购服装，实现门店下单、线上发货。

在马克华菲的线上旗舰店，消费者可以购买到质量和价格与线下门店相同的服装。更重要的是，由于马克华菲打通了线上线下，实现了线上下单、门店发货，就可以在消费者下单后选择离消费者最近的门店发货，极大地缩短物流运输所需的时间，让消费者更快地拿到货物，提升其购物体验。据统计，马克华菲的平均发货时效仅仅不到5个小时。而且，如果消费者急于拿到心仪的服装，还可以在线上下单后，亲自到附近的门店提货，此举也为消费者提供了更多的购物选择。

这种全渠道营销模式使马克华菲获得了迅猛发展。2017年，它的年销售额已经超过了20亿元，线上电商的体量也超过了8亿元，行业排名更是保持在前五位，还获得了行业内的诸多奖项和关注。

我们从这个案例中能看出，马克华菲深谙全渠道营销的精髓，通过打通线上线下，实现门店下单，线上发货；线上下单，门店发货，使线上线下相互促进，相互融合，将线下的流量引至线上，再将线上的流量引至线下，从而使品牌的渗透率在消费人群中间获得大幅度提升。

如今，全渠道营销已经成了新零售时代的重要营销手段，零售企业应该充分借鉴马克华菲的成功经验，结合自身的实际情况，打通线上线下，最大限度地留住消费者，促进销售业绩的提升。

8.2 跨界营销：新零售时代企业突围的法宝

对于企业的营销人员来说，营销并没有统一的套路和做法，只要能把好消费者的脉，把产品以最好的方式销售出去，就算成功的营销。在新零售时代，消费者所能接触到的场景会越来越多，每一个场景都是一个好的营销途径。因此，企业要将营销渗透到各个领域，做到无时不营销，无处不营销。

8.2.1 异业跨界要找准契合点和互补点

所谓跨界营销，就是指两个不同领域的品牌合作，强强联手，分别以对方作为媒介和平台，在对方领域内推广自己的品牌。如今，跨界营销已经成了一个新的发展方向，越来越多的零售企业开始相互合作，走上跨界营销的道路，形成了品牌协同效应。例如，2017 年，vivo 与腾讯达成了合作，将自己的手机广告融入手游《王者荣耀》中，此举帮助 vivo 抢占了一大批电竞用户，取得了非常好的营销效果。

这种“借鸡生蛋”的跨界营销手段可以帮助企业提升品牌的知名度，进一步扩大市场。那么，企业应如何开展跨界营销呢？关键就是要找准合作双方之间的契合点和互补点。

中街 1946 是一家冷饮食品企业，别看它只是一家卖雪糕的企业，可它却把小雪糕卖出了大名堂。我们先来看看它取得的亮眼成绩：它在单品均价超过 10 元的前提下，创下了 4 分钟售出 10 万支雪糕，开业头一年销售额便破亿的记录，一举成为天猫第一冰品；在不到两年的时间里，便在各大城市开设了 50 余家直营店，所出售的雪糕更是受到了消费者的追捧，时常卖断货。如今，中街 1946 已经成为名副其实的冰品界“网红”。那么，它是如何做到这一点的呢？这就要归功于以下四次成功的跨界营销，如图 8-5 所示。

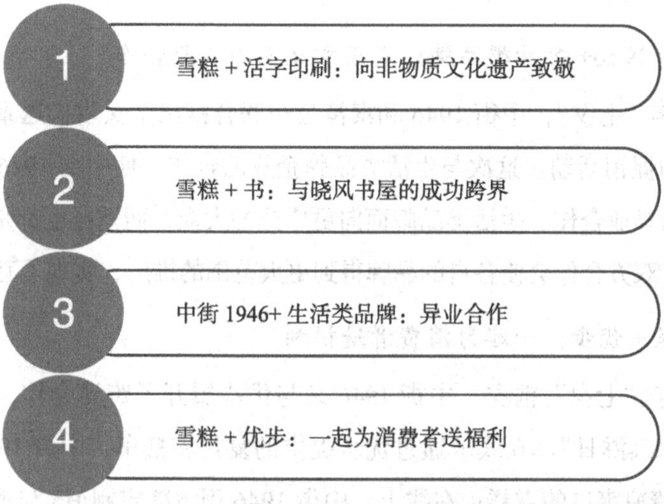

图 8-5　中街 1946 的四次跨界营销

1. 雪糕 + 活字印刷：向非物质文化遗产致敬

雪糕和活字印刷看似风马牛不相及，是两种完全不搭界的事物，但中街 1946 却脑洞大开地将它们融合到了一起。

2017 年，中街 1946 开设了一家活字印刷主题雪糕店，向活字印刷这一非物质文化遗产致敬。它的店面古色古香，充满了文化气息，看上去更像是一家古玩店。在店内，消费者还可以亲自动手，体验活字印刷，感受民族文化。这吸引了很多对民族文化感兴趣的消费者到店体验，他们在体验的同时也会顺便品尝一下店内的中街 1946 主题雪糕。

2. 雪糕 + 书：与晓风书屋的成功跨界

2017 年夏天，中街 1946 和晓风书屋达成合作，在杭州推出了一家名为“中街 1946 和晓风书屋的故事”的主题店。在酷暑难耐的夏天，当消费者走进这家清凉的小店时，便会立刻沉浸在复古和典雅的氛围之中。在这里，他们可以看到一张张带有文艺情调的明信片和海报，也可以体验充满神秘感的小魔法，还可以参加买雪糕送图书活动，一边享用清凉的雪糕消除燥热，一边阅读经典的书籍充实内心，在炎炎夏日中寻得一处甜美静谧的小屋，体味别样的温馨与清凉。

3. 中街 1946+ 生活类品牌：真正意义上的异业合作

2017 年“七夕”，中街 1946 和泰笛公司联合推出了买雪糕送泰笛生活花束兑换券的促销活动。这次与生活类品牌企业的合作，使中街 1946 实现了真正意义上的异业合作。生活类品牌面向更广泛的大众，而雪糕也都是人人都喜爱的冷饮，双方合作会使各自的品牌得到更大范围的推广，实现了互利共赢。

4. 雪糕 + 优步：一起为消费者送福利

2017 年“七夕”前夕，中街 1946 又与优步展开了跨界合作，共同推出了“优步冰淇淋日”。在线下通过优步提供的复古雪糕车，中街 1946 送出了 9000 多支清凉爽口的雪糕；在线上，中街 1946 用雪糕定制 H5 与消费者进行超强互动，吸引了大批粉丝。经过此次合作，中街 1946 不仅获得了广大消费者的青睐，也使自身的影响力和知名度得到了极大的提升。

一支小小的雪糕看似最寻常不过，但是中街 1946 却通过一次次的跨界营销赋予了它多种多样的意义，给消费者带来了新鲜感和趣味性。也许对消费者来说，体验乐趣才是他们真正想要做的，雪糕不过是体验之余的附属品罢了。然而，中街 1946 却利用给消费者所带来的各种美好的体验，把作为附属的雪糕卖得风生水起。

我们从上述跨界合作中能看出，无论是跨界开设主题店，还是异业联合搞活动，在对跨界领域的选择上，中街 1946 首要考虑的都是“品牌调性契合度”和“目标受众重合度”，因它把自己的目标消费者精准地定位在了那些时尚前卫、有文化内涵的年轻大学生中，所以它选择的跨界品牌都具备一定的文化和时尚属性，与自身品牌理念契合且互补，也都服务于大学生群体。因此，这样的跨界合作能最大限度地吸引消费者，实现资源共享，让品牌传播达到 1+1 ＞ 2 的效果。

其实，中街 1946 在进行跨界营销时，除了注重选择与自身高度契合的品牌之外，还认真贯彻了以下四个营销理念，如图 8-6 所示。

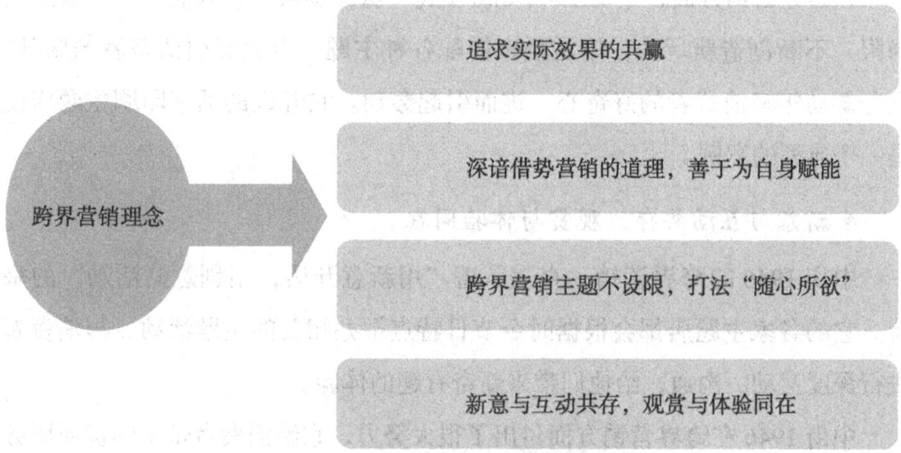

图 8-6　中街 1942 的跨界营销理念

1. 追求实际效果的共赢

中街 1946 在与其他品牌进行跨界合作时，都非常注重实现双方的共赢，除了使自身品牌借助对方的影响力扩大宣传外，也会让对方的品牌充分融入自己的品牌宣传中，实现互利互惠。因此，双方的合作才会更加坚实且稳定，宣传的效果也会更好。如果企业只考虑自己，而不为对方着想，那么合作就不会长久，跨界营销更无从谈起。

2. 深谙借势营销的道理，善于为自身赋能

借势营销是指企业利用社会热点、时尚潮流，将营销广告隐藏在一个潮流或消费者喜闻乐见的环境中，借着潮流的东风使自己的品牌得到最大化的推广。中街 1946 与晓风书屋的合作就充分体现了这一点。近年来，晓风书屋因其温馨优雅的氛围受到了很多年轻学生的欢迎。而中街 1946 深知，在夏日，一支雪糕只能给人带来片刻的凉意，但一间安静清爽的书屋却可以给人长久的愉悦与清凉，所以它把自己的雪糕搬进了晓风书屋，为雪糕增添了书香，打上了文化的烙印。

3. 跨界营销主题不设限，打法“随心所欲”

在跨界营销方面，中街 1946 始终坚持“极致新鲜”的理念，不受套路的局限，不断创造新玩法，用雪糕来搭配各种主题，以此吸引消费者的眼球，充分调动年轻消费者的好奇心，进而引起轰动。它开设的活字印刷主题店便是一个典型的案例。

4. 新意与互动共存，观赏与体验同在

中街 1946 的跨界营销一直秉承着“用新意开店，用创意搞活动”的宗旨。它的各家主题店都会根据时令节日特点举办相关的主题活动，与消费者进行深度互动、沟通，给他们带来新奇有趣的体验。

中街 1946 在跨界营销方面付出了很大努力，它给消费者带来的优质服务和新鲜体验早已超出一支雪糕所能承载的价值了。因此，它才能获得广泛的好评。2017 年 9 月 25 日，中街 1946 被授予的“2017 金麦品质奖”就是业界对它最大的认可。

我们从中街 1946 的案例中可以看出，企业在进行跨界营销的过程中，首先要以“深度契合和互补”为标准来选择合作品牌；其次，在具体操作中还要重视“新鲜感”“创意”“借势”“共赢”等要点，只有打破僵化思维，勇于创新，才能使跨界营销取得更好的效果。

8.2.2 电商互联 + 线下互推，升级流量和体验

众所周知，马云曾不止一次地强调：“电商时代过去了，未来 10 年是新零售的时代。”他之所以这么说，就是很明白地告诉我们，当下移动互联网的红利已经被瓜分殆尽，线上市场趋近饱和，所以，电商应该审时度势，把眼光转移到线下，去寻找新蓝海，积极创造新的利润增长点。

那么，什么是新蓝海呢？很显然，就是打通了线上线下的新零售。如今，很多“探险家们”已经通过亲身实践为我们指明了方向，其方法就是利用新技术开设新型门店，给消费者带去优质的服务体验，从而使线下成为其

新的流量入口。

前景有了，方法有了，新蓝海所持续的时间注定不会太长。如今，为了抢占广阔的新零售市场，各大零售商家都加快了步伐，组团进军，掀起了一轮又一轮的“跑马圈地”热潮。在这样的大环境下，线上电商要想进军线下，在新零售市场分一杯羹的话，与线下企业合作，实现电商互联+线下互推，使双方形成流量和体验的互补，无疑是一条捷径，而这也是企业的一个重要的营销手段。

百草味是一家从线下过渡到线上的休闲零食企业，经过多年的发展，它的线上销售渠道已然布局得非常成熟了；而舒客则是一家著名的线下口腔护理品牌。虽然从表面上看，两者所处的领域各不相同，但他们都有着时尚、健康的品牌理念，有着高度重合的消费群体。百草味利用舒客为自己打上了健康食品的印记，舒客则利用百草味提升了自身的品牌知名度。

此外，更重要的是，两者能实现线上线下的互推和互补。百草味在线上拥有大批忠实的消费者，但其线下的营销渠道相对薄弱；舒客则长期深耕线下渠道。因此，二者的合作正好互补双方的短板，珠联璧合，达到了共赢的效果。

在“5·17吃货节”这个食品零售企业们厉兵秣马、争相大展拳脚的舞台上，百草味携手舒客，共同开启了一次主题为“牙齿动起来”的活动，在线上线下一起发力，成功吸引了大批消费者，实现了突围。

在线上互联方面，二者在CRM联合短信的助力下打通了会员体系，实现会员资源共享，使各自的会员充分流动起来，鼓励他们购买对方的产品，享受对方的各种会员福利和优惠政策。此外，二者还共同组织了一系列线上的精彩活动，如淘宝直播、粉丝趴等，吸引了很多消费者参与，最大限度地调动了粉丝的积极性和活跃度，掀起了一波又一波热潮。舒客借着百草味的线上渠道获得了大量粉丝流量，推广了品牌。

在线下互推方面，二者将百草味5·17定制版小食盒和舒客电动牙刷组合到一起进行捆绑销售。百草味借着舒客的线下渠道走进了300多家大型超市，如沃尔玛、家乐福、永辉、大润发等，在电商节日的助力下实现了线下的强势推出。此外，舒客还邀请网红进行现场体验直播，成功吸引了大量年轻消费者，增加了活动的曝光度。

通过这次营销活动，百草味和舒客实现了共赢。一方面，百草味顺利走进了门槛非常高的 KA 渠道；另一方面，舒客也在百草味的帮助下聚拢了大量流量。这种线上线下品牌的跨界营销，可以实现双方的优势互补，帮助企业在流量和体验两方面取长补短，进一步扩大市场，提升销量，积累自身在相对劣势领域中的营销经验，以期分得新零售市场的红利。

8.2.3 社交媒体层层渗透，扩大影响力

利用社交媒体进行品牌推广是企业营销的常规手段，因社交媒体具有公开性、参与性、连通性、交流性，可以聚拢大量人群，所以是企业提升品牌影响力的理想媒介和平台。

如今，很多新型社交媒体相继涌现出来，成为企业营销的主力军。那么，企业在利用它们进行跨界营销的时候，就必须对它们的传播特点有一定的了解和把握，只有在此基础上展开的营销才能达到预期的效果。一般来说，新型社交媒体有四大传播特点，如图 8-7 所示。

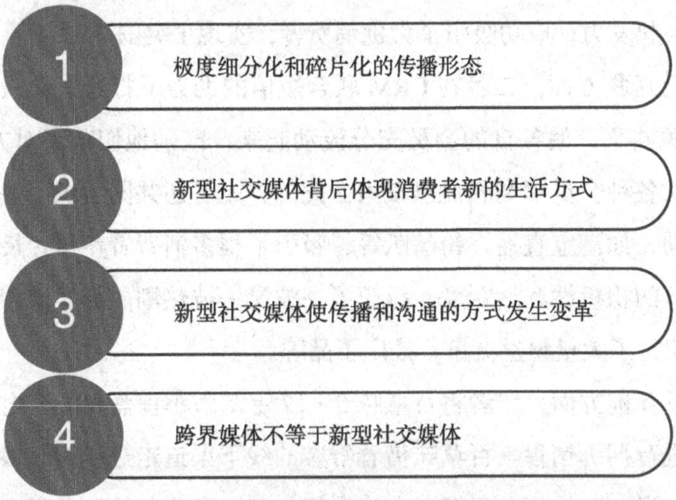

图 8-7　新型社交媒体的四大传播特点

1. 极度细分化和碎片化的传播形态

互联网信息极度繁杂，人们在面对这些信息时只会挑选自己感兴趣的信息进行阅读，而对不感兴趣的则不屑一顾，所以他们对信息的获取方式是细分化和碎片化的。那么，迎合人们阅读习惯的新型社交媒体的传播形态自然也是细分化和碎片化的，如军迷社区、情感类社区、篮球社区、彩妆社区等，每个媒体都有其特定的受众。

因此，在进行跨界营销的时候，零售企业必须要弄清楚这些社交媒体平台所面向的用户群体特征，考虑这些用户群体的需求是否与自己品牌的理念相契合，并以此来作为选择社交媒体的依据。只有做到有的放矢，才能达到最佳的营销效果。

2. 新型社交媒体背后体现消费者新的生活方式

企业要想做好营销，使营销方式贴近消费者的日常生活是十分必要的。而新型社交媒体的受众往往都是一群有着新锐思想观念的年轻人，他们都会有新的生活方式和处事态度。企业在利用新型社交媒体营销时就要充分利用这一点，融入他们的生活方式，满足他们的心理需求，使他们对品牌产生亲切感，进而成为品牌的粉丝。

3. 新型社交媒体使传播和沟通的方式发生变革

不同的新型社交媒体向受众传播信息和与受众进行沟通的方式各不相同，例如，有的是利用小视频，有的是利用网红直播，有的则是利用网络段子，五花八门。总体来说，它们都能与消费者产生积极互动，引起反响。因此，企业在利用它们进行跨界营销时，也要充分利用这一特性，与消费者展开互动。

4. 跨界媒体不等于新型社交媒体

在当今的自媒体时代，很多企业都跨界到媒体领域，设立媒体平台来为自己进行宣传。然而，这种跨界媒体并不能算是新型社交媒体，所以企业在选择媒体进行跨界营销时，就要选择拥有大量用户的、专业的新型社交媒体，而不宜选择跨界媒体。零售企业要充分利用这些社交媒体，对该社交媒体的用户进行营销上的层层渗透。

在上文中我们提到过，百草味和舒客在吃货节上进行了一场成功的跨界营销。事实上，它们在利用社交媒体进行营销方面，正是利用了社交媒体的互动特性，对消费者进行了层层渗透。

第一层，百草味和舒客分别让自己的代言人杨洋和吴亦凡在微博上发布“牙齿动起来”的话题，利用他们的明星效应来扩大活动影响力，为即将开展的地推和电商活动造势。有了明星的保驾护航，此举获得了大量流量，吸引了众多粉丝前来捧场。在很短的时间内，“牙齿动起来”这一话题的阅读量就已经超过了 1500 万次。

第二层，他们让微博上多个领域的著名 KOL（关键意见领袖）用各种各样的方式对该活动进行推广（包括发布微博图文、微信长图文、科普长视频、趣味短视频等），并参与话题讨论。此举又进一步增加了百草味和舒客的曝光度，吸引了一大批消费者。

第三层，百草味和舒客还特意抛出了 H5 游戏，利用这款游戏加强与消费者的互动，提升了活动的趣味性，获得广大消费者的踊跃参与，将整个营销活动推上了一个高潮。

我们从上述案例中可以看出，利用社交媒体推广是企业进行跨界营销的必要手段。为此，企业应牢牢把握各种新型社交媒体的特点，了解其用户群的总体特征，进行有针对性的营销，这样才能取得最好的营销效果。

8.3 内容营销：所有商业模式的标配

内容营销是指企业用图片、文字、动画等介质向消费者宣传产品信息，达到促进销售的目的。它能使消费者更直观地看到产品所带来的价值和优点，从而给其留下深刻的印象。

随着信息传播方式的日益多样化和迅捷化，内容营销的方式将会越来越多，作用也将越来越大。相关数据显示，在微信智能营销系统手淘上，内容频道页所提供的流量占据了整个手淘首页的70%，而被内容营销所吸引来的手淘达人们则为手淘上的各家店铺贡献了30%~50%的流量。

在新零售时代，内容营销对企业的作用是巨大的，它适用于所有商业模式，做好内容营销并使其发挥最大的作用，是每一家零售企业都应认真对待的课题。

8.3.1 精品内容：新零售时代的流量入口

企业要做好内容营销，提升内容的质量是根本。因为泛泛的广告、粗制滥造的图片视频不仅无法吸引消费者的眼球，甚至还可能引起消费者的反感，使他们对企业的资质能力产生怀疑。所以，企业一定要对自己所营销的内容给予足够的重视，努力将其打造成精品，使其能成功引起消费者的兴趣，成为企业的流量入口。

2017年4月24日，天下网商在杭州JW万豪举办了一场以“新零售，新洞察”为题的新网商营销大会。在会上，种草创始人孙膑发表的主题为“内容营销的源头，营销链路的起点”的演讲，引起了与会企业家和高管们的热议。

孙膑说：“内容营销在如今的电商领域中进行得如火如荼，大家都习惯于以某一个或者某一系列商品作为出发点来考虑内容怎么做。例如，我们通常先有了品牌对商品或者对于营销方向的Brief（概要）后，才会去考虑图文、视频、直播、网红等各种各样的内容营销形式。这样的操作模式似乎也已经成为传统了。时代在发展，内容营销方式也要进行革新，种草在过去的12个月中共创作了290场、800多小时的PGC直播，50余条、200多分钟的视频，13000余条高精度图文帖子，5场大型线下活动，6亿余次淘系外部PR曝光。仅在2017年3月与天猫服饰合作的‘女王节’活动中，种草在阿里的达人系统中就通过内容为商家引导了超过1100万的流量。”

成功企业家的真知灼见告诉我们，创新思维，打造精品内容进行营销，可以成功吸引大量消费者，使其成为企业的一个重要的流量入口，为企业带来极高的曝光度和丰厚的回报。那么，企业到底该如何运用好这一手段呢？

2017 年 1 月 17 日，由母婴内容创意营销平台“父母世界 Parents”和京东超市、京东母婴共同打造的《妈妈的朋友圈》第 1 季正式收官。《妈妈的朋友圈》第 1 季是一款电商 IP 短视频，它把母婴亲子日记作为内容主线，讲述了一对父母带自己孩子回老家过年的故事。它把各种母婴用品的广告以非常巧妙的方式植入到了故事当中，叙事既简洁又不乏味，是一个非常优质、经典的内容营销短视频。它的优点体现在以下两个方面。

1. 从粗暴拔草跨越到持续种草

“拔草”和“种草”都是网络用语，“拔草”是指消费者实现了购买计划，“种草”则是指消费者产生了购买欲。《妈妈的朋友圈》第 1 季一改以往内容营销一味鼓动消费者粗暴拔草的模式，而是采取循序渐进的模式在消费者心中持续种草。

与以往那种致力于说教的母婴类视频栏目不同，《妈妈的朋友圈》第 1 季更注重剧情的铺设和编排，使其更贴近百姓生活。其对话诙谐幽默，能引起人们产生强烈的情感共鸣。它又把各种母婴用品广告完美地融入叙事过程中，此举非但没有使观众在植入产品广告时跳戏，还使他们在被剧情感动的同时增强了对产品的购买欲，实现了从无心种草到有心拔草，保证了节目效果的最佳效果。

《妈妈的朋友圈》第 1 季摒弃了简单粗暴的广告宣传模式，采用更柔性化的、逐步渗透的手段，使产品营销达到了“随风潜入夜，润物细无声”的效果。

2. 坚持做高质量的精品内容

内容营销虽然只是一种营销手段，但是企业绝不能仅仅以做广告的心态来做内容营销，而是要对内容的编排予以高度重视，甚至要把它放在广告宣传之上。因为现在的消费者与过去相比已有了很大的不同，他们对铺天盖地的广告产生了抗体，他们往往更看重产品所传达的理念和价值观。所以，企业只有改变以往简单的流量变现模式，坚持做高质量的精品内容来感染消费者，才能获得营销上的成功。

《妈妈的朋友圈》第1季的制作方始终坚持“内容生态建设”“内容至上”的宗旨，把这个电商IP短视频做出了很高的水准。如果除去广告因素，人们完全可以把它当作一个温馨幽默的故事短片来看。因此，这个视频广受欢迎，也给制作方带来了极高的回报，成了一个流量入口。据相关数据显示，该视频的全网流量已超过了1000万，而其京东母婴坑位的均集流量也达到了300万。

我们从以上案例中可以看出，零售企业进行内容营销，关键要注重内容，要用心打造精品内容，通过精品内容来感染消费者，并以此为纽带使他们对品牌产生好感。这是新时期内容营销的方向和企业必须要掌握的营销手段。

8.3.2 从运营货品走向运营内容

阿里巴巴总裁张勇曾说过：“电商已经从运营货品走向运营内容，再以内容为纽带触达人群，获得消费者，最后转化为会员。”在这种大趋势下，企业的领导者需要转变思维，开动脑筋，利用各种新颖的手段把营销模式从运营货品转移到运营内容上来，以吸引消费者的兴趣，调动他们的好奇心，达到成功营销的目的。

例如，某零售企业的老总别出心裁地把自己每天给女儿讲故事的过程录成了小视频并发布到了网上，命名为“与老总的女儿一起听故事”，引起了很多人的关注，获得了大量流量。人们在看过他的视频后，自然会对老总的身份产生好奇，就会查一下他是哪家公司的老总，在经营什么品牌。这就在无形中提升了公司的知名度，造就了一次成功的营销。

再如，2016 年，罗振宇的“罗辑思维旗舰店”正式开始运营。众所周知，他卖的是书，但用于营销的是知识。杭州的冬天是寒冷的，这对普通人来说并不意味着什么，但罗振宇却找到了很好的营销主题。他把与取暖有关的商品全部罗列在一起，并逐一进行了评测，最终提炼出了一个非常实用的知识贴，放在了他的网店中，很快便吸引了大量消费者的关注，为他的网店带来了大量流量。“罗辑思维旗舰店”也因此发展迅速，上线不到两个月，营业额就已经达到了 240 万元。

企业除了自身进行内容营销外，也可以广集民智，通过网络红人、各领域的意见领袖、达人以及自媒体和内容平台进行营销。当今，网络红人们在互联网上具有很强的号召力，他们通过直播表演、展示各种绝活等方式聚集了大批粉丝，如赵大喜、张大奕、雪梨、夏夏等，都是拥有上千万粉丝的淘宝“红人”。而他们所携带的庞大数量的粉丝本身就是一个巨大的市场，企业应该通过他们进行内容营销，让他们为企业站台，向粉丝们宣传企业的产品。而这些网络红人也会充分利用自身的智慧，用其独有的方式进行各种有新意的内容创作，使企业的营销取得意想不到的效果。例如，搜狐上的原创达人就会和企业合作，把企业的商品植入到自己创作的视频当中，然后再根据视频点击量或商品销售量从企业那里获得相应的分成，此举收到了很好的效果，实现了双方共赢。

淘宝早在 2015 年就承诺，要在未来三年内投入 20 亿元，以奖励那些为宣传淘宝和天猫上的商品，在微博、优酷等第三方媒体平台上进行内容制作的达人们。此外，著名零售品牌蘑菇街和洋码头也都采用了买手内容分享推荐的营销模式。

对于企业来说，凡是聚集了大量粉丝的地方，都是一个很好的营销平台。优秀的自媒体和内容平台拥有庞大的用户群体，企业自然也不能放弃。例如，在考拉海购 App 中有一个名为“三石的私物精选”的自媒体栏目，网易创始人丁磊就经常把自己中意的产品发布上去，以此来吸引消费者对相关产品的关注。

一些内容平台，如爱逛街、淘宝头条、淘宝社区、微淘等，都是通过向消费者提供更多的品牌信息和知识来吸引消费者关注的。据相关数据显示，内容型平台和品牌的用户独立访问量涨幅惊人，增长率已经超过了100%。入驻了这些内容平台的企业，也由此获得了众多粉丝和丰厚的回报。

以韩都衣舍为例，据其创始人赵迎光透露，为了能充分展示自己的品牌价值和魅力，韩都衣舍特意成立了一个运营“微淘”粉丝的团队，该团队的主要工作职责就是创作各种各样的资讯、话题、直播内容。随着粉丝的迅猛增长，这一运营团队的规模现已达到了200人。对此，清华大学企业成长与经济安全研究中心研究员崔瀚文说：“很明显，无线时代的电商运营已经从单纯地卖货、促销进入了拼粉丝的阶段。”

如今，消费者触达商品的方式已经开始发生变化，从有明确购物目标后利用搜索引擎查找，变成了到推荐页、视频、热帖、社区等内容端进行挑选。内容营销显得愈发重要了，企业应顺应趋势而发展，通过各种途径进行内容营销，将更多的消费者转化为自己的忠实顾客和粉丝。

8.3.3 直播内容制作技巧

近年来，网络直播获得了迅猛发展，各种直播平台层出不穷，如斗鱼、熊猫直播、花椒直播、虎牙直播等；直播的内容也是多种多样的，如直播游戏、电影首映式、各种会议、游玩场景、探险体验等。据统计，2017年，中国网络直播用户规模达到4.22亿，年增长率达到了22.6%。

如此庞大的用户规模，对于企业来说就是一块巨大的蛋糕，企业必须将其纳入内容营销的矩阵当中。下面就来分析企业利用直播进行营销时需要掌握的四个技巧，如图8-8所示。

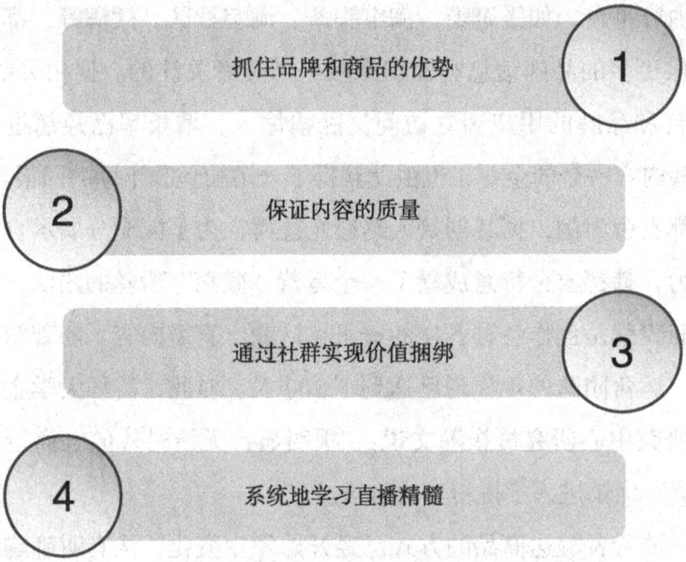

图 8-8　直播内容制作的四个技巧

1. 抓住品牌和商品的优势

企业在制作直播内容之前，必须要充分了解自己品牌的特点和具备的优势，要将自己产品的特点和所要直播的内容完美地结合起来。既要引起广大用户的兴趣，又要将产品的优点充分展示给消费者。只有这样，才能实现直播营销的目的。

举一个简单的例子，一家销售化妆品的零售企业要进行直播营销，而它安排的网红每天都只是在直播唱歌、跳舞等内容，并没有对商品信息做太多介绍；或者就算她做了一些介绍，可观看她唱歌跳舞的大都是男性，那么，他们又会对化妆品产生多大兴趣呢？毫无疑问，这样的直播营销是不会成功的。

那么，如果将直播内容换成化妆品的试用体验和美妆知识教学等内容，效果就会大不相同。一是它直接限定了观看群体，观看这种直播的人必然是对化妆感兴趣的女性群体，也正是化妆品的目标消费者；二是网红通过试妆可以更方便地向消费者介绍商品，使消费者更直观地了解到商品的使用效果，看到商品的优点。

此外，企业在通过网红进行直播营销时，要着重将产品优势显示出来，也就是要把自己最好的一面展示给消费者。例如，一家化妆品企业在遮瑕类产品上有优势，那么它就应该让网红重点做遮瑕产品的演示，突出其使用效果，使消费者亲见并产生购买欲望，将直播转换成实实在在的成交量。

2. 保证内容的质量

直播必须有趣味性和亲和力，只有这样才能吸引足够多的粉丝前来观看。因此，企业一定要保证直播的内容质量，如果没有高质量的内容，直播就变成了赤裸裸的广告，干瘪空洞，谈何吸引粉丝、扩大影响呢？

其实，做广告和保证直播质量也不是相悖的，企业要做的就是要利用各种方式把商品信息和直播内容巧妙地融合在一起，达到既保证宣传效果又能成功吸引消费者的目的。例如，某化妆品商家为其产品做直播营销，特地邀请了一位长相甜美的女生进行日常生活直播。因为女生长得很漂亮，所以她的日常生活自然会引起很多人的关注，直播流量也就有了保证。在直播中，这位女生依照商家为她安排好的生活作息表，对洗脸、化妆出门、补妆、卸妆的各个环节都做了精细的演示，并使用了商家的各款美妆产品，展现给观看直播的粉丝。

粉丝在向美丽的女生送上鲜花和赞美的同时，自然会把关注点放到能使她们也变得如此美丽的化妆品上，进而产生购买的欲望。

商家将产品信息植入网红所直播的生活细节当中，让网红直播时一边使用商品一边解说内容，更加自然和生活化，也更容易让观众接受。

3. 通过社群实现价值捆绑

直播是有时限性的，一些因为直播而对企业产品产生兴趣的消费者，可能又会因为直播的结束而将产品逐渐淡忘。因此，企业就应该创建社群，将其作为直播营销的延伸，通过社群实现价值捆绑，留住消费者，使直播营销的效果得到充分发挥。

企业在经营和维护社群时，要做到与直播相辅相成，向消费者传递相同的价值理念，并通过各种活动、优惠政策来促使消费者购买产品，尽可能地让消费者感受到商家的体贴和真诚，增强消费者的黏性，最终使他们成为自己的忠实顾客。

4. 系统地学习直播精髓

各行各业都有自己的门道，企业要想做好一个行业，必然要掌握相应的窍门和方法。当然，做直播也不例外，如果直播营销做得不好，对企业来说，轻则达不到营销效果，白白浪费资金；重则会适得其反，可能会损坏企业的形象和口碑。

因此，企业要做好直播营销，就应该端正态度，系统地学习直播的精髓，掌握各种直播技巧。例如，如何调动观众情绪？如何在直播中保持鲜明的语言风格，贴合消费者心理，展现企业魅力？如何在潜移默化中自然而不做作地向消费者介绍商品以促成订单？企业只有做足了功课，真正把直播营销重视起来并能熟练运用，才能达到预期的营销目的。

综上所述，企业要利用直播进行成功营销，就要做好以上四个方面的功课，使自己的直播更加专业、生动，更加贴合消费者的心理需求。此外，也要遵守直播的规则，远离低俗，只有这样才可以让直播营销取得最好的效果。

8.3.4 软文内容制作技巧

所谓软文，是相对于硬性广告而言的，它的精妙之处就在于一个“软”字，它会将企业广告以各种方式巧妙地植入到文章中，使文章内容与广告完美融合，使读者在阅读文章的过程中不知不觉地接受广告内容，从而扩大企业的品牌知名度，达到宣传效果。

显然，相对于那些连篇累牍、枯燥乏味的硬广，软文这种广告营销形式更易于让消费者接受。近年来，软文营销已经掀起了一股潮流，成了很多企业进行内容营销的利器。那么，如何制作出高质量的软文内容呢？企业要把握住四个关键技巧，如图 8-9 所示。

图 8-9　软文内容的制作技巧

1. 标题要有吸引力

对于一篇软文来说，好的标题是重中之重。因为当下生活节奏加快，消费者的阅读方式变得碎片化，他们很难有足够的耐心去仔细阅读一篇文章。如果标题无法调动起他们的兴趣，他们又怎么会去细读文章的内容呢？所以，企业在制作软文的时候，首先要在标题上下足工夫，要使软文的标题更有吸引力，能充分调动起读者的好奇心。

通常来讲，一个有吸引力的标题应该符合以下几个标准：第一，字数不能太多，要保证简洁（如“‘双 11’那天你做了什么”）；第二，要充满疑问和悬念，略带夸张，以吸引眼球（如“没想到这件东西竟然有如此显著的功效”）；第三，最好附带数字和数据，可以使文章显得更具权威性（如“明星在挑选护肤品时最关心这五个问题”）；第四，尽量带有话题人物，可以蹭上明星热度，吸引粉丝（如“范冰冰和的李晨都喜欢‘它’”）。

2. 文章内容要有“料”

除了拟定有吸引力的标题之外，企业在制作软文的过程中，还要保证内容的实用性和趣味性，或向消费者普及一些生活的小常识，或向他们讲述一些生动有趣的故事。写作时要利用各种写作技巧，包括情节铺垫、情感渲染等，还要注重文采，用或幽默诙谐，或感人煽情的语句来为文章增色。

总之，文章要足够好，要有“料”，要对消费者产生一定的触动，这样他们才能接受文章所宣传的产品。反之，如果文章质量很差，消费者读起来味同嚼蜡，他们又怎么可能对产品产生好感呢？

3. 故事和广告要高度融合

我们在前文中已经讲过，软文的关键在于“软”。因此，我们在写作时，就要将重心放在对故事的叙述上，而不能从一开始就直奔主题，进行品牌的介绍和推广，把它写成品牌的说明书。

通常来说，消费者在开始读文章时都只是处在尝试性的阅读阶段，如果他们读了开头，发现索然无味，那么他们随时都可能放弃阅读。因此，我们在创作开头时就不应急于引入品牌，而是要充分设置故事悬念，烘托氛围，进一步引起消费者的兴趣，吸引他们继续读下去。等他们对故事产生了强烈的好奇心、渴望了解故事的结局时，我们再把品牌植入到故事之中，使其与故事高度融合，一同被消费者接受，使他们在被故事感动的同时，对品牌也产生深刻的印象。

4. 素材要足够丰富

素材是一切创作的基础。要想写出好的软文，作者就要在生活中广泛地收集素材，要经常到一些网络媒体平台（如微博、微信、豆瓣、天涯、百度文库等）上“汲取营养”，记录一些新锐观点、有趣的故事、幽默的段子等，然后再将它们有选择地融合到自己的软文创作中。只有素材足够丰富，有足够的新鲜感，我们才能创作出角度新颖、观点犀利、层次感强、更能贴合广大消费者日常生活的软文。

文字创作总是有着令人痴迷的魅力，它会给人带来愉悦和感动，带来精神上的享受，会塑造人们的观点，改变人们的处世方式，引领时代的潮流。同样，一篇好的软文对宣传推广企业品牌的助力作用也是非常关键且至关重要的，企业应该重视软文的制作，要将其作为有力的宣传武器，提升企业的品牌影响力，吸引和留住消费者。

8.4 微营销：新零售时代店铺营销新玩法

微营销是一种新兴的营销模式，它以移动互联网为平台，并结合传统营销方式，借助微博微信等应用和一些传统网络媒介，帮助企业建立、管理、强化和消费者的关系，达到营销的目的。其具体营销手段包括在微信群发红包、通过朋友圈和公众号做推广宣传、二维码营销等。

8.4.1 在微信群实时发红包

众所周知，微信作为一个拥有数亿用户的社交平台，它本身就是企业进行推广营销最理想的媒介。那么，随着它增加了微信红包功能，企业显然又多了一个吸引消费者、调动消费者积极性的有力工具。

企业在粉丝微信群里实时发红包，操作简单易行，只要群主点击功能栏里的红包功能，写清楚红包总额和红包个数，就可以为群成员们发红包了。这种发红包活动的特点是规模小，投入成本也不高，但是效果却很好。例如，企业可以以商品优惠券的形式发放一些小额红包，让群里的粉丝们抢。有些粉丝也许只抢到了很小的红包，但他们依然会非常开心。而没有抢到红包的粉丝有可能会不甘心，从而去关注企业下次发放红包的时间。这种活动的优点就体现在增加粉丝的活跃度上，它并不是利用红包金额的大小来吸引粉丝，而是重在让粉丝参与游戏，使他们从中体验到互动的乐趣。

企业在微信群为粉丝发红包，还要注意以下两点。

1. 红包金额不必太大，但是次数一定要多

因为发红包活动主要是为了调动消费者的积极性，只要能为消费者带来一点小小的惊喜即可，所以金额不必太大，但次数一定要频繁。偶尔一次红包活动的意义不会太大，只有让消费者反复参与活动，才能使他们在不断获得乐趣的过程中增加对品牌的认知度和好感度，从而逐渐投入情感，最终成为品牌的忠实粉丝。

2. 多平台发放

企业要尽可能多地增加营销活动的覆盖面和影响力，除了发放微信红包外，还要把发红包活动应用到其他平台上，如淘宝、微博、支付宝、QQ 等。

在利用发放红包调动粉丝积极性方面，淘宝就为我们做出了表率。在每年的“双 11”期间，淘宝平台都会组织大量能使全民参与的红包活动，通过这些活动来掀起一股抢红包热潮。零售企业若能在这时顺应潮流，积极参加活动，往往就可以借助红包的力量，取得更好的营销效果。

发红包是企业进行微营销的一个简单且有效的途径，企业应该结合自身情况善加利用，以达到增强消费者黏性的目的。

8.4.2 实体微营销不限于微信朋友圈

对于线下的实体零售企业来说，利用微营销进行品牌推广，增加线上的流量入口，无疑是一个非常重要的手段。如今，企业常见的做法是在微信朋友圈里发送品牌信息，借助朋友圈的传播实现品牌的推广。其实，除了微信朋友圈之外，还有一个重要的平台也可以帮助企业进行微营销，那就是微信公众号。

那么，如何利用微信公众号进行微营销呢？零售企业应把握住四大要点，如图 8-10 所示。

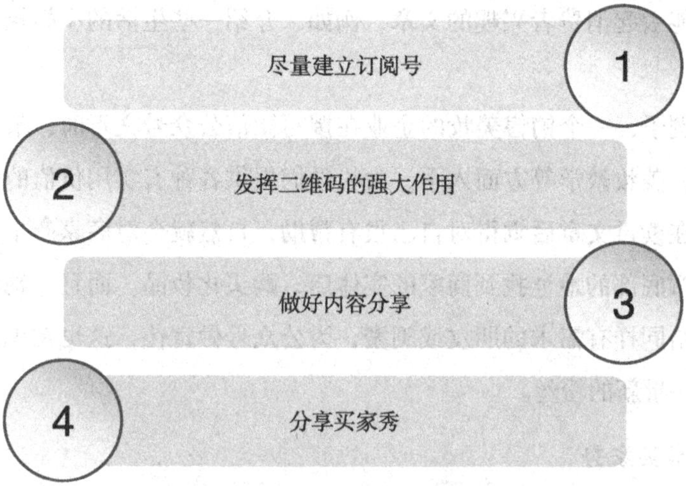

图 8-10　利用微信公众号进行微营销的四大要点

1. 尽量建立订阅号

零售企业在开设微信公众号时应该尽可能地建立订阅号，而非服务号。这主要是因为相对于服务号，订阅号能为企业提供更多的商业功能。例如，订阅号可以每天都为企业推送品牌信息，而服务号则只能每月推送四次，这显然无法满足企业吸引消费者、推广品牌的需求。

2. 发挥二维码的强大作用

在成功创建微信公众号以后，零售企业就可以在实体店内张贴公众号二维码，并适时举办一些关于“扫码关注公众号，免费领取小礼品”的优惠活动，前来购物的消费者会通过扫描二维码成为企业公众号的粉丝。这样做一方面可以提高公众号的粉丝量，方便企业对他们进行维护并组织各种活动；另一方面还可以使粉丝自发为企业做宣传，增加实体店的人气。

3. 做好内容分享

企业在成功吸引粉丝关注公众号后，接下来就要做好内容分享，以此留住粉丝，并吸引来更多的粉丝，增加企业的关注度。而要想做好内容分享，企业就要着重在文章内容上下功夫。企业需要发布一些针对消费者需求的实用知识，能引起消费者兴趣的文章，例如，介绍一些生活的小妙招、讲讲社会趣闻等。

举个例子，一个销售美妆的企业在撰写微信公众号文章时，最好要从化妆品测评、美妆教学等方面入手，为粉丝们提供各种有实用价值的化妆小建议。粉丝在读过文章后觉得对自己很有帮助，自然就会对商家产生好感，进而按照文章底部的地址找到商家的实体店，购买化妆品。而且，她们还可能把文章转给同样有需求的朋友或闺蜜，为公众号做宣传，这也在无形中为商家带来了一批新的粉丝。

4. 分享买家秀

微信公众号也可以作为企业分享买家秀的平台。与企业单方面的“自吹自擂”相比，买家的推荐对于消费者来讲显然更具有说服力和参考价值。企业可以在征得买家的同意后，将其购买产品的照片在微信公众号上发布，推送给粉丝。这样做既可以向消费者表明自己产品的受欢迎程度，又可以向他们展示自己优质而贴心的服务，使消费者心悦诚服，更加坚定他们购买产品的决心。

综上所述，微信公众号在帮助实体企业进行营销方面有着众多优点，可以使企业在线上充分地展示自己，打通线上流量入口，吸引大量线上粉丝关注，快速提升企业的知名度和销售业绩。

8.4.3 神奇的二维码营销

如今，小小的二维码遍布在大街小巷，在它的背后隐藏着多种多样的平台和功能，给人们的日常生活带来了极大的便利，在某种程度上已颠覆了人们传统的生活方式，也为企业带来了一个全新的商业模式。零售企业在进行微营销时也要积极借助二维码的优势，利用二维码进行营销，使营销达到意想不到的效果。企业在进行二维码营销时应该避免进入以下四大误区，如图 8-11 所示。

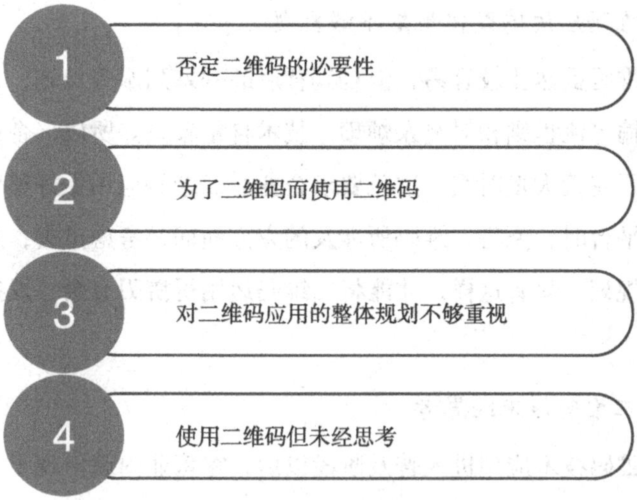

图 8-11　二维码营销的四大误区

1. 否定二维码的必要性

二维码的出现本身就是一个时代发展的标志。在营销领域，二维码的应用变得越来越多样化，其价值点也在此基础上不断浮现。我们可以预见，二维码在未来的营销活动中必将会扮演极为重要的角色。

所以，在这种大趋势下，零售企业如还一味地因循守旧、抱着固有经验不放、否定二维码的必要性，就是极为不明智的。企业应勇于开拓创新，及时转换营销手段，尽早将二维码应用到营销活动中去，这样才能体会到二维码为自己带来的巨大价值。

2. 为了二维码而使用二维码

企业在使用二维码进行营销时，要思路清晰、目标明确，要知道二维码只是我们用于营销的一种手段，而绝对不是目的。我们的目的自然是通过二维码进行成功的营销，把企业品牌更好、更快地传播出去，吸引更多的消费者。如果达不到这个目的，那么我们采用多么先进的手段都没有任何意义。

所以，零售企业在营销时不应只是简单地套上二维码的光环，而是要首先对采用二维码的方式和结果进行充分的考量和论证，不可舍本逐末。

3. 对二维码应用的整体规划不够重视

制作二维码虽然比较容易，但是其背后的一系列服务设施，包括平台搭建、信息传输等流程则相对复杂烦琐，技术含量较高。所以，企业构建二维码时可能就要花费大量时间，这就要求企业对二维码应用做好整体规划。在构建二维码平台时，要将二维码所涉及的方方面面都考虑进去，从整体上做一个详尽的规划。只有这样，才能将二维码运用得游刃有余，发挥它最大的价值。

4. 使用二维码但未经思考

自从二维码技术应用进入普及阶段以后，零售业内就出现了一大批跟风者。而这些跟风者中绝大多数都只知一些皮毛，看到别人在使用二维码，自己便也照猫画虎去做，这样可能确实为消费者提供了一些便利，优化了支付功能，但并没有将二维码的作用最大限度地发挥出来。其实，二维码本身所蕴藏的商机绝不仅仅止于此，它还有着多种多样的功能，关键是要看使用者如何挖掘这些功能了。因此，零售企业要根据自身的实际情况，结合自身的业务环境和目标消费群体的生活习惯等特质，在二维码使用方面认真思考，深入挖掘，创造出有特色且符合市场规律的二维码使用方式。

韩国 Emart 超市是韩国新世界旗下的大型连锁超市，它在二维码营销方面就做了一些创新。首先，Emart 在超市大门前安装了一个立体二维码，将其命名为“sunny scale”。这个立体二维码利用了物理原理，只有在正午太阳直射时才可以被正确读取。也就是说，消费者在除正午之外的其他时间段是无法正确读取二维码的。之所以这么做，就是因为其通过长期观察发现，在每天正午 12 ~ 13 点这个时间段，超市的客流量是最低的，而这个有趣的二维码则可以吸引大量好奇的消费者在正午时前来购物，成功捕捉到了超市的痛点。据相关数据显示，在安装了立体二维码以后，Emart 超市的商品销量增加了两倍。

其次，Emart 超市还通过二维码为消费者送出了大量的优惠券，这些优惠券的折扣力度都很大，而且也都是线下线上通用的。这样做既提升了消费者的购物体验，又进一步转变了消费者的购物习惯，还促进了企业业绩的提升。

二维码在营销上有着丰富且广泛的用途，因此，在应用二维码营销方面，我们不能让思想僵化，要大胆创新，把它用作营销的重要工具，对其深入挖掘并发挥它最大的作用，切实解决企业营销上的痛点，优化消费者的购物体验，提升企业的口碑。

第 9 章　新零售的未来：利用新科技驱动新零售

随着科技的不断革新和发展，新事物、新概念、新趋势也应运而生。与传统零售相比，新零售的“新”显然是体现在了科技方面。然而，新零售虽然获得了科技的助力和支撑，但依然保有自身的零售本质，这是始终不变的。在新零售时代，零售企业之间的比拼依旧会围绕着消费者、服务、产品展开。由此可见，零售企业现在最应该做的就是利用新科技来优化消费者体验、提升服务水平、提高产品质量。只有这样，才能推动自身的发展。

9.1　新零售获得长足发展的基础

对于新零售的迅猛发展，很多人是非常不理解的，他们并不知道新零售好在哪里？特殊在哪里？其实，如果我们仔细分析和观察就可以发现，与传统零售和电商零售相比，新零售最明显的优势就是强化体验服务、大数据关联、强品牌类产品。这些都是新零售获得长足发展的基础。

9.1.1 加强体验服务

在“消费者为王”的大背景下，消费者体验无疑是新零售的核心之一，也是新零售的特色之一。随着商品同质化现象的日趋严重，零售企业也只能通过减少利润来获取流量，用贴心的服务提升消费者体验，以此提高自身的竞争力。在新零售时代，线上交易和线下交易都发挥着各自的作用。其中，线上交易发挥着优化消费过程的作用，而线下交易则发挥着优化消费者体验的作用。无论是优化消费过程还是优化消费体验，其目的都是为了优化零售行业的体验服务。

对于消费者来说，线下消费可以使其获得现实中的体验。与线上电商那些经过修饰的图片以及夸大其词的文案相比，消费者的购物体验会更加真实。这也是很多线上电商纷纷开设线下实体门店的主要原因。

2017 年 2 月 20 日，阿里巴巴与百联集团正式达成了战略合作，二者将在互联网、大数据技术的基础上，从多个领域（如新零售技术研发、会员系统互通、物流体系协同、高效供应链整合、全业态融合创新、支付金融互联等）着手，实现全方位合作。据悉，此次合作的主要目的就是为消费者提供更加优质的场景化消费体验。目前，很多电商似乎都开始和线下超市、菜市场、街边门店开展线上线下的合作，共同携手开创零售行业的新局面。

从消费者的角度来看，新零售可以大幅度地提升消费者的消费体验。以亚马逊的无人超市——Amazon Go 为例，消费者只需扫描二维码就可以完成支付，十分方便。同时，此举也大大缩短了收银时间，解决了消费者排队等候付款的痛点。此外，很多连锁超市都开始使用纯线上的会员体系和卡包体系，消费者也因此享受了更多的优惠。

毋庸置疑，加强体验服务是新零售获得长足发展的基础之一，那些想要向新零售转型的零售企业需要努力为消费者提供更加优质的服务，例如缩短消费者的结账时间、帮助消费者免费送货到家等。只有全方位地为消费者考虑，企业才能跟上新零售的发展脚步，从而避免被时代淘汰，被消费者抛弃。

9.1.2 大数据关联

无论是第一次零售革命还是第二次零售革命，抑或是第三次零售革命，其主要解决的都是运营效率的问题。纵观沃尔玛、亚马逊等新零售企业，它们也都在想方设法地提升自身的运营效率。在新零售时代，在企业提升运营效率的过程中，大数据技术发挥了不可替代的作用。

在百度、阿里巴巴、腾讯三大互联网企业中，最看重大数据的当属阿里巴巴。对此，马云曾经说过："数据是原料，没有数据什么都不行。"众所周知，每年的"双11"活动都能使阿里巴巴获取到各种各样的重要数据，可谓是一场数据盛宴，这也使阿里巴巴的大数据和云计算技术的数据处理能力得到了极大的提升。确实，在大数据和云计算技术方面，很少有企业能像阿里巴巴这样可以将两项技术运用得如此熟练，以至于完全颠覆了零售企业的传统运营模式。它未来的发展也非常值得我们期待。

在大数据和云计算技术的助力下，阿里巴巴不仅可以绘制出更加精准的消费者画像，还可以对消费趋势进行准确预测，并据此制定相应的营销和库存管理战略。这也是马云如此看重大数据的主要原因。

此外，在运营链条方面，新零售与传统零售也有着非常大的不同。传统零售的运营链条是从研发、设计到装备、原材料、生产制造，再到品牌商、分销、批发、消费者；而新零售的运营链条则体现在移动互联网和大数据基础上的数据化。

从消费者的角度分析，随着消费者需求和生活方式的不断变化，品牌传播也有了很多不同的模式，最终倒逼"生产—研发"模式的出现。一方面，新零售必须有大数据的支持；另一方面，新零售也赋予了数据更深层次的意义和更加巨大的价值。

在新零售时代，虚拟的数据被转化成了实实在在的商品，这样数据就有了一种非常独特的即视感。此外，实体零售有一个十分顽固的痛点，即无法对消费者行为进行观察和收集，而电商则可以在大数据的助力下解决这个痛点。通过对大数据进行收集和分析，电商可以准确地预测消费者的消费行为，从而制定更加精准的营销方案。

另外，对于那些同时开展线上线下业务的传统零售企业来说，如果它们无法成功打通线上线下数据通道，同样也会因为相关消费者数据的缺失而无法构建出非常精准的消费者画像。

对于供应链管理和营销运营这两个方面，新零售也是非常重视的。一方面，新零售企业可以通过大数据对消费者的消费习惯和市场动态进行全方位监控，进而制定出完善的供应链运营策略；另一方面，企业也可以通过管理和控制供应链将成本降到最低，在保证商品质量的同时提高生产效率。

9.1.3 强品牌类产品

除了体验服务和关联大数据之外，加强产品的品牌建设对新零售来说也是很有必要的。在新零售时代，品牌对企业来说占据着举足轻重的地位。它的重要作用体现在三个方面：第一，在新零售范畴里，企业的生产模式摒弃了从 B 端到 C 端的大规模生产，而是以去中心化的消费者为主导；第二，企业在满足消费者需求时，也从满足消费者部落化的需求，演变成了满足他们定制化、个性化的需求；第三，消费场景也从单纯的线上或线下发展成了线上线下相融合。

对于强品牌类产品来说，企业不仅要注重挖掘消费者的显性需求，而且还要通过大数据驱动等高科技方法找出消费者的隐性需求，然后再利用各种手段尽可能地满足消费者这两种需求。这些是品牌类产品的优势和特色。此外，伴随着各类新式消费场景的出现，消费者可以在获得良好体验的同时购买到自己心仪的商品。

在零售方式发生变革的背景下，以天猫为代表的各大电商平台通过数据赋能品牌，在打通数据壁垒之后让品牌商全面、准确、快速地了解消费者，重构并赋能人、货、场三大核心要素及商业关系。

如今，新零售已经成为各大品牌商都在密切关注的重大议题，品牌也获得了更多的增长机遇。与此同时，品牌类产品之间的竞争也不断升级加码。那么，在新零售的浪潮中，品牌应该如何变革呢？

1. 加强企业经营管理

零售企业一方面要经营消费者，因为消费者是品牌经营的核心，应当充分聚焦消费者运营，实现“产品→消费者”的全生命周期的价值管理；另一方面要运营数据，实现数据化、智能化和互联化。那么，企业应如何在内部和外部都运用好数据呢？在内部，企业要通过打通数据孤岛实现跨部门互联，并对商业决策进行优化；在外部，企业要构建内部与外部生态系统的双向数据闭环。

2. 重构组织架构

为了适应并跟上新零售带来的数字化进程，企业必须及时调整组织架构及运营模式。过去，企业的各个职能部门通常会出现协调不充分的情况，在这种情况下，企业只有根据自身条件向数字化组织架构转型，才能革除组织结构的弊端。

3. 大数据与新科技发展支持

大数据与新科技可以协助品牌商提升企业经营的各个环节的效率，为消费者带来好的购物体验。在新零售出现之前，很多品牌商在数据获取和分析管理等方面一直面临诸多痛点。如今，在人工智能、云计算等先进技术的支持下，品牌商可以依靠挖掘数据价值，赋能品牌。

4. 加强营销管理

线上生态系统具有场景触点丰富的特点，这一特点可以使品牌商随时随地触达消费者。品牌商可以将线上消费场景打造成以消费者为中心的营销闭环，以便尽可能地满足消费者日新月异的个性化需求。

此外，品牌商还可以利用数字化手段做好数字化营销。这种营销方式的本质是让品牌商从“费用”向“资产”转变，即品牌商应当建立核心消费群体“资产表”，持续不断地收集数据，并根据数据的变化不断调整品牌策略。总之，企业在新零售时代进行数字化营销可以更好、更全面地了解消费者，快速打通企业内部和外部的生态系统，适时调整品牌策略，应对市场变化。

从“线上＋线下”的营销闭环、流量引入以及运营模式的创新，到组织管理和技术的大变革，新零售作为一个新物种，其运营模式也在不断演进。品牌商如果能够顺应新零售变革的浪潮，不断突破发展瓶颈，就可以在未来的竞争中脱颖而出，取得长足的进步。

9.2 新零售发展的四大趋势

如果有人询问2017年最炙手可热的新名词是什么，那绝对非新零售莫属。2017年，阿里巴巴、京东、亚马逊等大型电商平台的创始人都曾多次谈起新零售，各类零售企业向新零售转型的趋势也越来越明显。

如今，新零售更多地表现为线上线下的融合，以及新兴技术与全供应链之间的协同。那么，未来的新零售还会是这样的情况吗？当然不会。随着新零售不断升级，新零售的发展已经细化到了以下四个方面：全渠道、以消费者为中心的体验式消费、融入更多互联网元素和跨界营销。

9.2.1 全渠道的发展势不可挡

随着互联网和移动互联网的不断发展，消费者触达品牌的渠道也变得越来越多，而线下的完美体验和线上的低廉价格也让消费者难以抉择。不过，从目前零售行业的现状来看，越来越多的零售企业开始把线上与线下的边界模糊化，通过对触达消费者的各类渠道进行整合，建立起了完善的全渠道营销体系。

例如，常年致力于线下渠道的OPPO，如今也开始在线上渠道下功夫，通过各种营销手段来提升自己的线上营销能力；而常年深耕线上的小米则忙着在线下布局。这说明全渠道的发展势头已经越来越迅猛，成了新零售发展的趋势之一。实际上，除了OPPO和小米之外，“淘咖啡”和王府井集团也是这一趋势下的经典案例。

2017年7月，阿里巴巴无人零售门店“淘咖啡”正式在杭州亮相，“不需要现金，不需要排队，拿了商品就可以离开”的新型消费模式将“未来门店”的模样生动地展示了出来。此后，各大知名企业也积极入局，像“淘咖啡”这样的无人门店，正在以其全渠道的营销优势占据“下一个新风口”的有利位置。

“淘咖啡”的基本运营模式就是在电商平台的助力下实现O2O全渠道零售。实际上，这种模式非常适合那些连锁零售商家和中小型零售门店。如今，除了淘宝外，像有赞、别早、电商宝等电商平台都可以帮助零售门店实现全渠道零售。

2016年11月底，王府井集团正式宣布成立全渠道中心，整合重组之前的市场部、电商平台以及全渠道项目，使其形成一个重要的业务中心，并直接归属于集团总部。这也表示王府井集团已经开始对传统运营模式进行调整，此次调整体现了王府井集团对未来零售方向的准确预判。

从战略的角度来讲，王府井集团将重心放在了商品端和消费者身上，并在此基础上开展了整合资源、制定规则等相关工作。其中，它在商品端方面的工作是对供应商招商的统筹。而在消费者方面，王府井集团的全渠道中心主要做了三件事：寻求触达通道、实现门店现有营销的数字化、提升以智能化和数据驱动为主的新零售能力。

我们可以看出，无论是“淘咖啡”还是王府井集团，都在积极布局全渠道，以此来实现全渠道的畅通化，以及消费场景的多样化。然而，从目前的情况来看，虽然大多数零售企业和零售商家都在积极地布局全渠道，但其中也有很多人依然思维固化、瞻前顾后，一旦在布局新的渠道时遇到了问题或没有收到预期的效果，就想着减少投入，甚至放弃。其实这种做法是不正确的。要知道，道路虽是曲折的，但新零售的前景却是光明的，只有顺应时代的趋势，跟上新零售的发展脚步，才是企业应遵循的发展之道。

9.2.2 以消费者为中心的体验式消费

传统零售门店的主要职能就是销售商品，即人们常常挂在嘴边的“卖东西”。但是，在当下新零售时代，零售门店的职能似乎已经发生了变化，由单纯的“卖东西”逐渐转变成了品牌的多元化展示。在消费群体渐趋年轻化的当下，消费者的需求与之前相比也有了很大不同，那些创新性、个性化的零售门店更能俘获他们的芳心。

以迪信通的“D.Phone UP+”门店为例，该店铺通过提供新颖、奇特、个性的智能化商品来满足新时代消费者的需求，这样的零售门店不单纯是销售商品的场所，而是能给消费者带来更多新奇体验的乐园。它致力于实现个性化服务与零售的相互融合，从而使自身拥有了能向消费者提供丰富的消费体验的功能。

以消费者为中心的体验式消费也是新零售发展的趋势之一，这就需要零售企业把关注的重点转移到消费者身上来。在这一方面，如此生活就做得非常不错。

如此生活创办于 2013 年，是一个专业的手机 O2O 平台，致力于成为全球体验式生活购物的领导者。作为新零售企业的代表，如此生活以其独特的体验式消费获得了广大消费者的喜爱。对于它的优势，我们可以从五个方面进行说明，如图 9-1 所示。

图 9-1　如此生活的五个优势

1. 种类丰富且价廉的商品

如此生活引进了多种商品，如家用电器、日用百货、男女服装、鞋帽配饰、食品特产、美妆护肤、电子数码、汽车用品、家居家纺等。不仅如此，如此生活还在保证商品质量的同时，努力使其价格降得更低。

2. 个性化的一站式生活体验

为了能给消费者提供更加优质的个性化服务，如此生活特意建立了一站式生活体验馆。此举不仅可以让品牌商家进行巡回展览，还可以让消费者近距离地接触商品，从而进一步优化他们的消费体验。

3. 多样化的消费平台

为了让消费者获得更加便捷的服务，如此生活打通了线上线下两个渠道。也就是说，消费者可以通过线上下单、线下体验的方式进行消费。这样一来，线上购物的“照骗”风险就被降到了最低。

4. 让消费者满意的物流服务

如此生活和品牌商家、物流公司建立了非常牢固的合作关系，其主要目的是要更好地为消费者提供多种配送方式和个性化服务，如体验馆定点提送、送货上门、消费者自提等。

5. 专属的生活享受

如此生活还与合作商家实现了会员互通。假如你是如此生活的会员，就可以在其合作商家那里享受会员专属的折扣优惠。这样一来，如此生活的会员就能享受到“吃、喝、玩、乐”一体化的专属生活服务。

作为一个典型的 O2O 平台，如此生活成功地打通了线上线下，通过其一系列举措深刻阐释了新零售的内涵。而对于传统电商所面临的难以满足消费者体验式服务需求的痛点，如此生活也通过其独特的新零售模式将其完美地解决了。

如此看来，无论是以 OPPO、vivo 为代表的零售企业，还是以如此生活为代表的 O2O 平台，都将消费者体验放到了一个非常重要的位置。这也在一定程度上表明，以消费者为中心的体验式消费已经成为新零售的发展趋势。在这种情况下，零售企业和电商平台就要努力优化自身的服务，争取为消费者提供完美的消费体验。

9.2.3 融入更多互联网元素：更智能、更科技

科学技术的不断发展和新型营销模式的出现，使一大批无法适应新零售的传统企业遭遇淘汰，甚至连一些新兴电商也难逃厄运。

2017 年初，亿邦动力网公布了“2016 年知名企业阵亡名单”。该名单显示，美特斯邦威的亏损已经超过了 4 亿元人民币，其 1500 家门店在三年内陆续倒闭；百丽在两年内关闭了近千家门店；达芙妮也在两年内关闭了超过

1300 家门店。

其实，不只是国内零售企业受到了影响，英国老牌零售企业玛莎百货也是如此，2016 年，玛莎百货就宣布要把中国内地市场的 10 家线下实体店全部关闭。

随着传统零售业的每况愈下，再加上中国市场消费升级的影响，传统零售企业正面临着巨大的挑战。而对于传统零售企业来说，应对这一挑战的最佳方法就是在自身的运营中融入更多的互联网元素，使自身朝着智能化、科技化的方向发展。

从目前的情况来看，利用互联网技术创新经营模式似乎已经成了零售行业的共识。在新零售时代，无论是零售企业营销能力的提高，还是消费者消费体验的优化，都离不开互联网的支持。总体来说，融入更多的互联网元素，使自身变得更智能、更具科技感是每一家零售企业都应该做的事情，而这也将成为新零售发展的必然趋势。对于这一点，我们从以下三个方面进行详细说明，如图 9-2 所示。

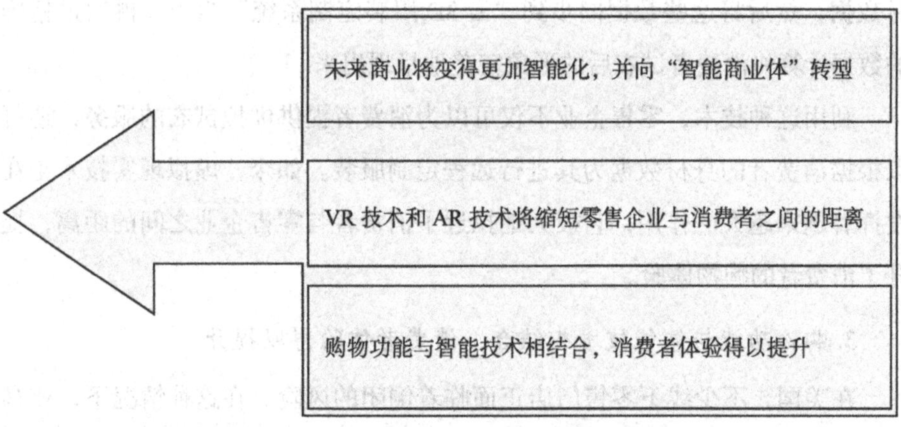

图 9-2　新零售发展的智能化、科技化趋势

1. 未来商业将变得更加智能化，并向“智能商业体”转型

在 2017 年的京东年会上，京东总裁刘强东说：“时代正在发生快速、剧

烈的变化，未来10年科技进步的速度将超过过去的100年。在以人工智能为代表的第四次商业革命来临之际，京东集团将坚定地朝着技术创新转型。”刘强东还指出，在未来的12年内，要让京东成为“包括智能商业、智能金融、智能保险业务在内的全球领先的智能商业体”。

的确，在互联网迅猛发展的今天，每一家零售企业都应该拥抱互联网，只有这样才能够跟上潮流，不被时代抛弃。

2. VR技术和AR技术将缩短零售企业与消费者之间的距离

如今，虚拟超市的数量正在不断增加，其最大的特点就是商品虚拟化。它会选择一个固定的区域摆放样品展示给消费者，消费者则会根据样品选择相应的商品，用手机完成付款，再拿着相关凭证到指定的地点取货。

在虚拟超市不断发展的同时，VR技术也获得了越来越普遍的应用。例如，深受服装零售企业和消费者喜爱的“3D试衣镜”。“3D试衣镜”是在“人体测量建模系统”的支持下运行的，消费者只需在“试衣镜”面前停留3～5秒，系统就可以构建出一个人体3D模型，并获取到详细且精准的消费者身材数据，然后将这些数据同步到“云3D服装定制系统”当中，再通过精确的数据计算将消费者试衣后的形象完美地呈现出来。

利用这种技术，零售企业不仅可以为消费者提供虚拟试衣的服务，还可以根据消费者的身材数据为其进行远程定制服装。如今，虚拟现实技术正在发挥着越来越大的作用，它极大地拉近了消费者与零售企业之间的距离，提升了消费者的购物体验。

3. 购物功能与智能技术相结合，消费者体验得以提升

在美国，不少线下零售门店正面临着倒闭的风险。在这种情况下，亚马逊用“无人超市”的概念实现了逆袭。2016年12月，亚马逊总部正式对旗下的无人超市——Amazon Go进行了开店内测。

据悉，亚马逊开设Amazon Go这种无人超市的灵感正是来源于无人驾驶汽车，它与无人驾驶汽车使用了多项同类型的技术，如传感器、计算机视觉

等。此外，Amazon Go 还引入了“Just Walk Out”技术。在该项技术的助力下，消费者从货架上取下商品或将商品放回货架上等所有动作细节都可以被系统监测到，而且它还可以追踪消费者购物车中的商品。通过对多项先进技术的应用，Amazon Go 真正为消费者打造了“无须结账，拿起就走”的购物体验。这种全新的消费方式极大地激发了消费者到 Amazon Go 超市购物的欲望。

实际上，随着相关技术的不断升级，除了虚拟超市、无人超市获得了迅猛的发展之外，无人仓、无人机等新兴技术应用产品也已经开始投入使用，这些都是零售行业走向智能化、科技化的重要标志。所以，想要转型的零售企业必须对此加以足够的重视。

9.2.4 跨界营销：寻找异业联盟

2017 年 11 月 18 日，由巴黎春天五角场店和饿了么共同打造的“不打烊茶铺”正式亮相。为了给消费者提供更好的福利，同时也为了带动茶铺的生意，在活动期间，前 100 名参与活动的消费者都可以获得一杯免费的茶品。据悉，巴黎春天和饿了么都从此次跨界合作中获得到了不少流量。

跨界营销已经成为一大趋势，在此趋势下，零售企业已经不再像过去那样只知道闭门造车，而是希望通过跨界合作赢得分流的消费者。为此，在门店内增加餐饮、美容、运动、亲子等元素的做法也逐渐成为趋势。

1. 从跨界合作中提取出来的特殊体验

想象一下，在一个阳光明媚的午后，你悠闲地漫步在一家书店中，或者吃完简餐顺便看看衣服，或者捧着一杯奶茶逛逛家居店，如此美好的场景不再只出现在韩剧当中，而是已经成了一种流行的购物方式。如今，各种各样的“百货 +”如雨后春笋般涌现，如“零食 + 花店”“书店 + 冰棍”“超市 + 家居”“咖啡馆 + 女装”等。这种潮流之所以会出现，主要是因为越来越多的实体店开启了跨界营销，它们希望通过打通各种不同的业态，以增强自身的吸引力。

毋庸置疑，以突出的个性化、体验感、业态混合为特点的跨界合作绝对是最流行的零售创新模式之一，并且正逐渐成为新零售发展的一大趋势。

此外，在那些跨界复合门店中还有许多新增的元素，如休闲区、餐饮区、娱乐区等。此举使内容和服务板块都得到了极大的丰富，也增加了门店的趣味性和吸引力，为消费者带来了更多的消费选择，提升了其购物体验。

2. 线上相中线下流量

让我们再回到前文提到过的巴黎春天与饿了么共同举办的“不打烊”活动，针对此次活动的主题——“巴黎春天 9 爱不打烊”，结合自身定位，饿了么和巴黎春天共同推出了三款特制茶饮，分别是“9 爱刷卡小王子”“9 爱血拼小公举”和“9 爱熬夜小奶宝”，三者均受到了消费者的欢迎。除此以外，它们还组织了多种多样的互动游戏，如礼品大转盘、“买买买”人形合影牌等。这样做的主要目的就是让参与活动的消费者享受到十足的乐趣，增强活动的影响力。然而，饿了么是一家主营在线外卖的本地生活平台，巴黎春天是世界顶级的时尚品零售企业，二者怎么会“牵手”呢？

对此，巴黎春天相关负责人表示：“‘不打烊’活动深受广大消费者的喜爱，同时也是巴黎春天营销战略中的重头戏。”他深刻地认识到，再好的模式也不能一成不变。将“不打烊”概念与网红美食的内涵相融合，实现线上线下的跨界合作，这就是巴黎春天寻求突破的一种方式。而饿了么虽是一个互联网平台，但其一直致力于布局线下，希望可以打造出一个与众不同的线下模式。带着这种理念，再加上巴黎春天所具有的非常明显的线下流量优势，饿了么毫不犹豫地选择了与巴黎春天合作，开设“不打烊茶铺”。

3. 线上线下可以相互引流

对于巴黎春天而言，它和饿了么“牵手”的主要原因就是饿了么在线上有着巨大的影响力。巴黎春天的相关负责人表示：“在消费者群体方面，巴黎春天与饿了么既有重合的部分，又有不重合的部分，双方的‘牵手’不仅可以使双方利用自身的优势帮助对方引流，还可以扩大各自的消费者群体。”

实际上，除了饿了么之外，巴黎春天还和共享伞品牌——摩伞达成了战略合作，共同打造了一款“不打烊定制伞”，并于 2017 年 11 月初投放市场，这款定制伞覆盖了 20 余个地铁站台，广受好评。

巴黎春天之所以会选择在地铁沿线推广“不打烊”活动，也是看中了摩伞在共享领域的影响力。它希望能够通过与摩伞的跨界合作，拉近与地铁乘客之间的距离，进一步扩大品牌知名度。

由此看来，将不同业态叠加在一起实现跨界资源共享，并在一家实体门店中相互渗透融合，不仅可以使企业经营产生意想不到的新亮点，达到“1+1 ＞ 2”的效果，而且还可以让消费者获得更加多元化的消费体验。

对于零售企业来说，跨界营销是提升自身优势的一种创新营销模式。纵观三只松鼠、舒客、巴黎春天、小米等知名零售企业，它们都已经走上了跨界营销的道路，也取得了非常不错的成绩，而这正是这一新模式发挥强大作用的体现。所以，零售企业均应对跨界营销手段加以重视，根据自身情况，主动寻求合作，以期获得更多消费者的关注，突破销售瓶颈，实现跨越式发展。